大展好書　好書大展
品嘗好書　冠群可期

中華傳統武術 20

張策
五行通臂拳

附VCD

李進唐 著

大展出版社有限公司

前　言

通臂拳又名通背拳，屬於象形拳種之一，也是我國傳統武術中優秀拳種之一。通臂拳流派較多，有祁派通背、五行通臂、白猿通背、劈掛通臂、如意通背等。我國北方京津一代祁派通背拳流傳較廣。

通臂拳歷史悠久，在武術中久負盛名，它不但有較強的技擊性能，而且對身體發育，精神修養，調理氣血，祛病健身都有積極作用。

自幼熱愛武術，20世紀50年代末，經王文瑞介紹，投通臂拳名家張策弟子馬熙春門下學通臂拳。

1960年春在中山公園，經老師引薦認識了師叔魯書軒。後又經魯介紹認識了師叔李慕翰。魯、李二人都是張策大師嫡傳弟子，通臂拳術造詣頗深，為人謙和，平易近人，有求教者無不盡心指教；為了把所學東西留給後世，對通臂拳術理法、勢法一招一式講解甚為詳盡，有問必耐心反覆解釋，從來無絲毫保守。魯師叔常講：「如果不把所學東西傳下來，對不起張老師。」我深感機會難得，因而常往求教，數年如一日，獲益實多。

1966年後則常找李慕翰師叔求教，每有所得必將原話詳盡筆錄，多年來積累了很多資料，根據所有資料整理成書，提供給廣大通臂拳愛好者參考。雖經幾易其稿，但仍感不免有疏漏之處，切望廣大武術愛好者予以指正。

本書分為上下冊，上冊包括理法、基本功、散手和套路；下冊有刀、槍、點穴、樁功、拳譜摘錄等，所涉及之內容皆為通臂拳大師張策親授，未有增減改動，以保持其原貌。

五行通臂拳操練不用拙力，純任自然，因肢體順遂運動平均，各關節肌肉舒展，內部臟腑亦同時自然舒展，所得益處無異外部，全身發育無不吻合生理，故亦適宜身體弱者練習，恢復健康。

我於1993年患食道癌，在北京醫院做了大手術，出院後因堅持通臂拳鍛鍊，使身體內部調節，促進再生機能，起到很好的效果。我今雖年逾80歲，每日堅持基本功鍛鍊，自覺身體狀況正常；在教授學生的過程中，對通臂拳各個法根、散手及器械套路，每一動作皆能做出示範表演，自覺功夫有增無減，也深刻體會到通臂拳的技擊與健身效果。

李 進 唐

於北京

目　錄

第一章　通臂拳理法淺述

第一節　源流傳說

通臂拳亦稱通背拳，是我國流傳很久的一門武術。有關源流傳說很多，且歷代相傳皆為口授，所以，究竟始於何代、何人，無正式資料記載。

據老師馬熙春講述，清道光年間（1821年左右），河北省冀縣大郭村人祁信老先生，在河北省固安縣小宮村落戶，以十二趟杆子換得南方郄某通背拳，群眾推崇為「祁家門」。他雖不是通背拳創始人，但他確是承前啟後者，即集舊藝，又益新知，使通背拳在我國北方樹起新幟，得到發展。

祁信傳其子太昌和陳慶等。

祁太昌曾於江南多識名家，對舊日所學又有所創新，稱為少派，尊其父為老派。老派講求舒展爆力，架子開展；少派架勢較小，緊湊靈巧。兩者手法雖有不同，但理法、勁法完全一樣。

王占春先生，河北省良鄉縣黃新莊人，及陳慶弟子。聞北平右安門外白雲觀一道長武術絕倫，及於八月十五毅然趨謁。道長不發一語，從此每日上午8點至下午6點，先生垂手待立於座側，數月如一日，毫無倦容。迨除夕，先生方欲轉身出觀，道長忽開目呼之，占春急拜跪懇求，始收為門下。受教半載，道長引先生到西山某寺，又謁一道長，謂先生曰：「此汝師叔也。吾有事遠遊，不克教汝，在此學藝，可耳？唯汝師叔業三十年斷語，其如何教汝，用心習之為是。」道長去後，先生留山中十八載，已臻化境，通臂之妙，豁然貫通。

而令人所不能及者，身體處處練到，眼中可容指亂攪，若無事焉；脈絡能通能閉，胸腹能合能開，肩臂能伸能縮，伸者長一半，縮者使之無；動力處千鈞，膂力者不能移其身；靈巧處夜間燒香於爐，以槍刺去火滅而香不倒。非爐火純青者，曷克臻此？造詣之精可見一斑。

道長年齡姓名師承秘而不宣，雖經占春一再詢問，迄未示知。據山中老農講老道姓韓，居此數十年，不與外人通，人皆稱韓老道，乃「五行通臂拳」專家也。

先生下山時，道長曾戒占春不准收徒，蓋恐誤傳匪人濟其惡也。

張秀林名策，河北省香河縣馬神廟村人，家傳戳腳、翻子，少年學少林拳，在通州運河畔與王占春先生巧遇。王見其武藝超群，身手不凡，結為摯友，兄弟相稱。為不違師叔所囑，同遊九載，將五行通臂拳傳授與張策。

王見其學術已成，乃引拜其師陳慶，互稱師兄弟。

張策以未受戒命，遂廣收門徒，遞帖拜師者三百餘人。部分知名弟子如下：

韓占鼇　周景海　周學伊　張殿華　李祥雲　徐兆謨

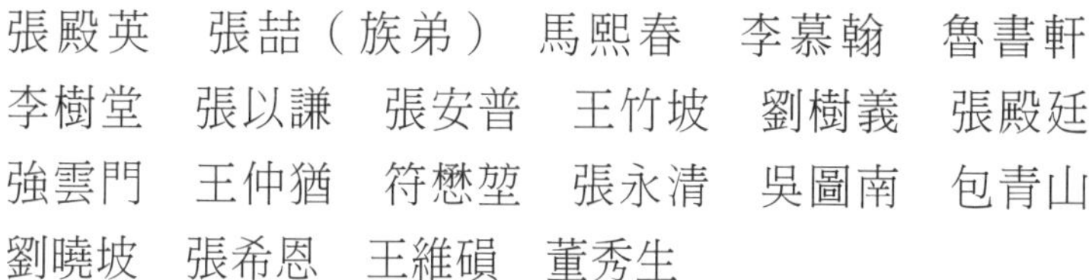

張殿英　張喆（族弟）　馬熙春　李慕翰　魯書軒
李樹堂　張以謙　張安普　王竹坡　劉樹義　張殿廷
強雲門　王仲猶　符懋堃　張永清　吳圖南　包青山
劉曉坡　張希恩　王維碽　董秀生

所列為一小部分人名，且未按順序先後排列。

趙蔭軒、鮑雍士二人為再傳弟子，其藝由張策大師親授。

第二節　張策大師簡傳

張策字秀林，河北省香河縣人，1866年誕生，民國二十三年十月八日病逝於北京，享年68歲。

張大師誕生的村子馬神廟，有著悠久的武術傳統，人人習武練拳，舞槍弄棒，尤其普及「戳腳」、「翻子」和少林拳，馬神廟村稱「翻子窩」。

由於受環境影響，從幼年便跟堂叔張大相學戳腳、翻子，由於認真學習刻苦鍛鍊，到十二三歲已是力大過人、武藝不凡的少年。一次村中宰年，他手提六七十斤濕牛皮，一足踢到房上赫然攤開。

少林僧金陵笑和尚，見其天賦極好，又有很好的根基，收為徒弟，授以二郎拳、少林黑虎點穴拳、五祖點穴拳、少林通背拳以及十八般兵器。因有良好的武術天賦，悟性極強，又刻苦用功，每日三更起舞，身披鐵坎肩，足穿鐵鞋，直至破曉，持之以恆，18歲已成名，有「蓋京東」之美譽。

約在1890年，在通州河畔與王占春巧遇。王見張策武藝超群、身手不凡，且為人謙和寬厚，二人結為摯友。王代師傳藝，同遊九載，研摩切磋，使張策深得五行通臂拳之三昧。

青壯年來京，從楊健侯學太極拳七載，深得太極拳之精奧。其後走遍華北、關東各地，兼收各家武術之長。為振興中華武術，廣收門徒傳播武術，在香河馬神廟、城關多處設館收徒，後在北京電話局、電車公司、四面鐘、北平體育學校等多外設場授藝，弟子遍及平津一帶。

1924年，張作霖到北京，聞張策之名，請到東北奉天任保鏢。張作霖的幾個兒子皆是張策弟子，從張策大師學拳。其後在奉天國術館任教，「九・一八」事變後回北平國術館任教。

1933年，南京中央國術總館舉辦第二次全國武術運動會，主辦者邀請張策任副總裁判長。運動會後，留中央國術總館任教，1934年辭去教授之職回北平。

張策大師武藝高強，武德高尚，不輕易與人較量，實不推不開則點到而已，從不傷人。

武術名家吳圖南在所編《國術概論》中論及大師，謂：「光緒初，有張策者字秀林，直隸香河縣人也。精通各家拳術，為人慷慨好義，性謙和。……山陝燕趙之地，未有出其右者。其生平以刀法最為精，四方有名之士每與之較者，刀必落地。」

張策大師數十年之純功，武藝已達到爐火純青、出神入化、隨心所欲之上乘境界，武林中有「臂聖」之美譽。

他廣收門徒，傳播武藝，對中華武術繼承與發揚作出了積極貢獻。因其名聲赫赫，遠至日本、南洋武術界也莫不折服，早已享譽國門之外。

1934年10月8日，患煙後痢不治，病逝於北平錦什坊街雙柵欄寓所。

10月11日，北平《民聲報》曾以《通臂拳專家張秀林之逝世》為題報導，簡介其生平。

通臂專家張秀林之逝世

【本報特訊】通臂拳專家張策字秀林，香河縣人，精於技擊，初有聲於燕趙之間，壯年曾從拳術名家楊健侯習太極拳，與現任北平國術館館長許禹生為師兄弟。張嘗北走關外，南至齊魯等處，蹤跡所至聲譽大震，晚歲曾於瀋陽、北平等處，設館授徒，已是桃李半天下，門人弟子散走四方，論者於張之技藝均多表示欽佩。

蓋張之通臂拳，已至登峰造極之境，雖國術界人亦多歎為不及也。年前張曾應首都國術界之聘，赴京教授拳術，未幾返歸京。在首都時，與名拳術家吳鑒泉及褚民誼等，相處甚得。至是張復聞名於大江南北矣。

今秋張因患腹瀉臥病錦什坊街雙柵欄寓所，延醫診治，未見效果，日前病突加劇，遂於八日逝世。

國術界中人，無不為之悲悼。張有子二人，長子殿英，現亦任拳術教習焉。張宅於昨日（10日）接三，其弟子及國術家往吊者，達四百餘人，聞張生前能以隻手擊人，擋者無不披靡直仆十數丈之外。其徒張翰臣，在津設立國術通臂研究社，著有《通臂拳淺釋》一書，於《源流淺敘》一章中，於張之事蹟略有述及，原文略謂通臂拳為武當宗派，當初屬於家傳，知者甚鮮，且歷代相傳，口授為多，故發明於何代何人，無可稽考。

于有清中葉，有王占春先生，河北良鄉縣北，黃新莊人，幼而好學，初拜舊都白雲觀一道長為師，道長蓋通臂專家也。旋道長又引王先生至西山某寺，又謁一道長，謂先生曰：「此汝師叔。我因事遠遊，不克教汝，居此與汝師叔學藝可耳。」

十八寒暑藝乃大進，通臂之妙豁然貫通，而今人所不及者，身體處處練到，眼中可容指亂攪，若無事焉；脈絡能通能閉，胸腹能合能開；肩臂能伸能縮，伸者長一半，縮者使之無；動力處千鈞膂力者，不能移其身；靈巧處夜中燃香於爐，以槍刺去火滅而香不倒。

非爐火純青者曷克臻此。道長年齡不可考，據山中老人云姓韓，人皆稱韓老道。

張秀林先生與王先生為摯友，先從楊氏學太極拳二十餘年，後又從王先生研究通臂磋磨九載，深得王先生之三昧，平日以師兄弟稱。

王先生卒於清末。殞後二年，舊都有韓君者，晤王先生一面，韓不知其已亡故也。及張先生聞信，急訪韓君，韓君始悉王先生去世已久，相顧驚訝，諮嗟不止，云云。又張享年六十八歲云（寫真既張生前小影）。

第三節　理　法

一、通臂拳命名之由來

通臂拳術來自通臂猿，因而得名，則此拳之動作如猿明矣。吾人無不知其為靈活技巧。而猿之臂尤有特異之點。當其攫物之時，運臂如風，其動作敏捷，變換多端；伸縮進退之時，肩、肘、腕毫無遲滯之病。通臂猿有三特點，即長、靈、多力，一舉一動必用全背力量。

此拳動作，仿效猿猴，巧運其背，運勁必由肩臂，故名「通臂」。

二、通臂拳健身優點

1. 通臂拳練習用平易方法，做順正運動，使身體各部位得到平均發育，以收強健敏捷之效。

2. 練習時肢體務宜順遂，各關節肌肉均須舒展，故全身受平均運動之利。

3. 因肢體運動平恪均，故內部臟腑亦同時得自然舒展，所得益處甚多。

4. 運動起止有定位，每動時間平均，故呼吸能勻靜，血液亦恪守常態，絕無急猝緊張之弊。

以上說明練通臂拳純任自然，不做勉強努力之動作，其精神修養、調理氣血、矯正肢體、助長身體發育無不吻合生理。

三、通臂拳要義略述

通臂拳以身正、虛胸下氣、空胸緊背、鬆肩墜肘為體，以圓活柔化為基礎，以剛柔相濟為應用。見剛則用柔化，遇機即以剛發；運臂圓活如軸端之輪，出拳勁速如弦上之箭，虛中柔化如巨浪之蕩輕舟，蓄勁發如汽力之催機輪；又如迎風扯旗無處不展，順流駕舟力少功多。

四、操手原則

1. 通臂拳操練講「縱赫」，即起、落、開、合宛如氣球之無限漲大、無限縮小，用意念，禁用心勁。有要訣二字，曰「鬆」，曰「空」，鬆者不滯，空則靈。

2. 明理，知勢，知法。操練當中一絲不苟，認真思索，一招盡精，觸類旁通。如拳譜上講：「徒學不思是枉然」，如果不認真探求其真理，那也做不到「功夫無息法自修」。

3. 用意不用拙力，虛中求實，柔中求剛，曲中求直，慢中求快，純任自然。禁斷勁求勁長。

4. 練勁不練招。通臂拳主要講練出勁來，即所謂「空化力」。拳譜上講「不學空化難為首」，說明空化力的重要。練出勁來出手便是招。光學招法無勁法，遇敵便被人所制。

5. 通臂拳力由脊發，故講主宰於背、精通於背。平時操手以背帶動手臂，背即是手，操手以背抽撤送手，故將背練活非常重要。

6. 周身內外相合，氣與力合，一致貫通。要者「三關」通順，力由脊發，由肩至肘，由肘抵腕，由腕到手。三關無滯，氣力合一，勁達指尖。

7. 練法即是用法，拳掌回手力大，出手勁整。

五、用手原則

1. 通臂拳用手為「天籟法」，即什麼也沒有發出來。急如電，勁堅剛。

2. 原地發手，不准拿回再打，先意動後形動。

3. 沾衣發勁，不硬接硬架，出手鑽、翻，走空隙。

六、通臂拳特點

1. 連環

對敵出手採取連擊手法，如連珠炮，不可有呆相，一出手便上下左右連續出擊。

2. 帶還

出手來去不空，回手摟、刨、擄、帶，且回手勁大，以增加前擊手的力度。

3. 轉還

「出手不離翻滾法」，一出手非鑽轉即翻滾，化解對方來手，順勢而入。

4. 黏隨

對方來手不管多麼急猛，要出手黏住他胳膊腕部，乘勢向外或向上下隔開，即改變其來勁方向，順勢而化，乘機進攻。

通臂拳為內外兼修功夫，動作簡易，純任自然，且前後連貫，動作活潑，步法輕靈，左右同式，無局部僵重之態，及技擊健身之優良拳種。但拳之學者，則在乎練，倘日以數千動，練之即久，不期功而功自至。久練純熟，熟能生巧，由巧而變，由變而入妙，由妙而入化，則剛柔之功即成，體用之法兼備，揮手而力自出，隨心所欲，變化無端，無往不利。但須有堅強毅力與恒心。如不專心致志，時練時輟，則功無進展，難有功成之日。學如逆水行舟，不進則退，是也。

通臂拳取象於通臂猿，只打猴藝，不打猴形，不做猴的表情。

練時，理法、勁法和式法三者必須同步，循序漸進。功夫不到，藝不上身。光練還不行，更重要的是動腦筋，不斷研究、探索其理法和勁法的精髓。

通臂拳不管練還是用，都要求鬆、柔、慢、靜、快，尚意念而不尚拙力，切忌心勁。全體鬆空，濁氣下降，身乃輕靈。所謂「鬆者不滯，空乃靈活；用力則滯，無力乃至純剛。」「動由靜中始，快從慢裡來。」「靜如泰山，動若江河。」此所以尚意不尚力也。

在何處，即從何處發手。每招每式，前後連貫，不可二起樓子。抻肩奪背，曲中求直，要求放長夠遠，但需曲蓄有餘，切忌硬接、硬架和硬夠。一腳踏地一腳懸，此身只轉磨臍兒，不當磨杆頭。勁由腰脊發出，直通兩臂，消息只在後腳蹬。沉腰坐胯，攏胸拔背，全身氣血隨之擁起，下攤，使全身之力，集中於一點（著力點）。「此身

好比五張弓，射箭發勁快如風」。

通臂拳走皮經勁，手順空檔，見縫兒就鑽，擁錯帶還，因勢發手；遇剛則柔化，遇機則剛發。拳打寸勁，不夠著攻擊對方，隨對方來手，起落抽轉，先牽動對方，然後發手。勁分明、暗、空、化，同時，出手不離翻、滾、崩、鑽、使對方一摸就沒，一沾就空，返轉過來，「打掉坑兒」；亦即不拘形式，隨機進身，根據通臂拳特點，有時則爭先發手，不截不架不遮攔，猶如老叟戲頑童，對敵如對紙人；全身整勁，如「病夫扶牆」，「小兒撲物」。

另外，出手三成勁，回手七成勁；由於脊背腰胯連通，兩臂相錯，方向相反，或上或下，或前或後，形成反作用力。後手助前手，腰胯催兩臂，所以回手（摟、刨、擄、帶等）之力愈大，則出手之速度與力量也就愈大。發勁多用稍節勁。

通臂拳講究周身氣血運行，澎湃鼓蕩，縱橫捭闔。動則渾身無一處不動，靜則鬆空如無物。所謂身法八種：

起，如水漲船高；

落，如人身突然墜井；

鑽，若磁力相吸，有空即穿；

翻，左右翻轉，隨勢而變；

伸，如蚯蚓延頸，化短為長；

縮，曲斂蜷縮，化長為短；

開，鬆張開敞，無所不包；

合，緊湊收攏，萬象收於一處。

雖然是形體在動，變化要點卻都在於氣血的伸縮開合上。

練拳的目的，主要在於使精、氣、神充沛旺盛。精是肌體、內臟、骨骼、筋絡；氣是血脈、氣血、生物電和呼吸氣；神是神經反應與思維活動。精氣神足，則人體健壯，動作靈敏，祛病延年。所以，除操練拳腳外，還必須時習氣功。本門操手時，經常拍打自身，目的在於開關震竅，使全身氣血加速流轉。

在操練當中，如果遇到天氣嚴寒，要找較暖和的地方練；酷暑，當然要找較涼爽的地方練。練功不可過力，要根據自家身體素質、具體條件，適可而止，不能勉強。身體不適停練，任何部位感到麻木必須停練，緩過勁來再練。重要的一條是，本門拳術應該越練越舒暢，越練越樂。如果越練越長脾氣，越練越高傲、心浮氣躁，一定要停練。這種現象是由於操練過程中氣行錯了，再練下去身體就要出毛病，應當擱一段時間，氣順了再說。

本門尊師敬長。恃強凌弱者停傳，心術不正、偷盜邪淫、為非作歹者，一律逐出門外。要講武德，不准出手見紅、任意傷人。我們的原則是自衛，不得已時還擊。不應有門戶之見，各家拳術各有巧妙之處，應廣學各家之長，切忌自我炫耀。

第四節　勁法

勁法和理法相連、相連。只知技擊形式與道理，而無發勁方法，那就不能算是一個完整的拳術。

一、勁和力之區別

力，一般說來，只是作用在物體上，使之位移或變形，如背扛牽引、敲打掰壓等。勁，則是在技擊中，用以攻擊對方（主要指人）。

在進擊入手時，隨著對方的躲閃騰挪和還擊，借對方的來勁而變化動作的路線、速度和著力點，這種「力」才是拳術中所說的「勁」。

由於發勁的方向、線路、速度等因素，可以發出許多不同的勁，如冷、沉、脆、抖等。同時，在發勁過程中，還可以做一定的延伸、縮短和轉化。

勁，不是任何人都能有的，更不是任何人都能用以攻人的。勁法必須按照一定式法、理法，經久操練、體會，加以師傅指點，才能逐漸掌握。

如上所說，勁是技擊中的活力，是具有向外發放的一種能力。勁與力雖然有很大區別，但又不能截然分開，因為勁是透過肢體運動來表現的，而肢體運動一般都是先由力支配的，所以我們說，勁是由力轉化而來的。

二、怎樣練勁

本門練勁的主要方法和途徑，就是透過對基本功的操練，換句話說，即是對法根的操練和研究。

練勁時的幾點要求：

1. 平時只許空操，不要接觸實物，目的是為了不圈勁

因為，實物對任何打擊都會產生反作用力，如用實物操練，勁必然受到阻力，而不能任意延伸；實物的放置有一定距離，勁也就因之不能隨意伸縮。但技擊對象是人，是運動中的人，位置、距離都在隨時變換，因而要求所發的勁必須能適應對方的躲閃和反擊，而使勁成為一種不受任何局限的活力。

因之，練勁必須空操，但意念中卻應設想對面有一還擊的對手在，這樣，精神才能貫注，出手才能有方向。正像本門老前輩所云：「練時要覺得對面有人，對敵動手時又要視若無人。」

2. 放鬆

周身關節、肌肉、器官、精氣神都要放鬆，意念不能緊張，動作要自然。這樣，才能使動作準確自如，充分發揮全身各個部位的組織機能，在肢體活動當中，自然會將勁和能量全部發放出來。

一般人，往往想速成，甚至於拿腔作勢，結果產生心勁、拙力，心情緊張，不只動作滯澀、僵硬、緩慢，並且支棱八杈、氣喘疲勞，當然不能持久。

勁既然是從力轉化而來的，必須一點一滴地鍛鍊增長，耐心地操練、體會。「快從慢裡來，剛從柔中出」，就是這個道理。

3. 呼吸勻稱

首先，必須動靜自然，內心平靜，氣不上浮，沉著從容，自然呼吸，才能自空氣中補充足夠的氧氣，才能促進血液循環，呼吸正常，免除氣喘疲勞和頭重腳輕。要時刻想到平心靜氣、自然呼吸，關鍵在於放鬆、再放鬆。

三、發 勁

發勁要領，是使周身發出一個整勁，以意行氣，以氣運勁。力從腳發，腳而膝，膝而胯，胯合於腰，腰達於脊，脊通於背，背催肩、肘、腕、掌、指，使力集於一點，兩臂相合、相借、相通，使周身擰成一個整勁發出。以意領氣，以氣運勁，是說先透過技擊意念和思維，使周身氣血導引肢體運動，有方向、有目的地展開技擊活動。要精氣神同時貫注，具體運用至關重要。

發勁時，力主要來自自身體重作用於地面或它物而產生的反作用力。因而發勁，大多是始於「後腳蹬」。凡塌肩、墜肘、坐胯、屈膝、繃腳，都是為了使體重下沉。由於突然鬆沉，體重迅速下降，產生加速度，而獲得遠遠超過人體體重的反作用力來，再由進身、挺腰、長身、入手等動作把勁發放出去。回手勁大，拳掌突易，皆為產生加速度。

若從發勁的方向來分，主要有：

1. 從後向前發勁

蹲胯蹬腳，把地面的反作用力（沉力和衝力）由雙臂向前發放出去。中拳、穿掌、撞掌、吊袋、挺掌等屬之。

2. 從前向後發勁

合臂、蹲胯、弓腰、蹬腳，形成從前向後摟、刨、擄、帶的拉力。

背靠亦屬後發勁，但主要是由塌肩、攏胸、拔背、腳向前蹬而產生的後靠力。

3. 從上往下發勁

伸臂、屈膝、坐胯、沉腰，全身迅速下沉，手臂由鬆肩、墜肘所產生的下掉力合而為一，遂轉化為沉重的下壓力。劈、砸、拍、撲等屬之。

4. 從下往上發勁

是先由我迅速向下施力，借對方上挺之力，與我適時轉壓力為向上之力相合，使對方騰跳而出，亦名「鑽天勁」。借勁打勁，在任何手法中都可應用，要領在於順對方來手適時改變我發勁之方向與之合一。一般來說，撩、挑、崩、托、鏟、踢均屬之。

5. 向左、向右或同時向左右攻

首先，要奪占位置，與對方左右相錯，用手、臂、肩、肘、肋、胯橫擊對方。

雙風貫耳、斜衝、左右劈砸等，則是以雙手掌或拳同時向對方頭部擊出。黃龍轉身、刨手、橫炮、橫掌、大搧、列門掌、圈手均屬之。

6. 從裡向四周發勁

此種勁法是本門最上乘之功法，必須有極深之氣功根底才能練出。實是任督二脈在運行當中與肢體運動相結合，渾身各處都會有抽脹崩騰之力。勁從內向外、向四周發放，本門謂之「空抽實脹」。

綜上所述，本門拳術主要打以下幾種勁：

冷：發手急快而重，冷不防就是一下子。

沉：一般從上向下發勁，重而長，勁好像向下要鑽到地底下還不停。

脆：勁雖不大，但打得脆生，是地方，一下就著。有震、砸之意，一閃即過。

抖：從下向上或從左向右、從右向左，斜線發出，一觸即斷。猶如抖空竹，是斜飛崩挑之力。

彈：屈腕、屈肘、屈臂，全身崩騰，勢如崩簧，挨著即回。可連續發出。

崩：如擊鼓面，形成反彈之力，其勁較重。

鑽：直線發勁，擰鑽前進。

脹：自內發放，使人有崩騰湧起之勢（即「空抽實脹」），其力緩而長。

巧：全憑思維反應快，出手的力點、支點、分量大小和速度快慢都因當時的情況而變換，可收力半功倍之效，四兩撥千斤即指此而言。關鍵在於牽動對方重心，改變對方來勁路線，適時發勁，且快而準。

殘：對方來手，一沾我即離，當對方稍一落空失重或遲疑時，我即乘機還手。殘，不是怯，而是先退後進，有兵不厭詐和誆打之意。

以上所談各種勁法，由於全身放鬆、以意領氣、出手迅速、發勁透骨、柔中有剛，如「棉花裹鐵」，統謂之「空化力」，亦即「通臂勁」。

本門非常重視此空化力，不管你的招式練的怎樣，如果沒有空化力，就不是通臂拳法。總之，只要不丟通臂勁，式無定法，久練出新，可生拳外之拳、法外之法。但歸根到底，重要的一條，還是空化力和通臂拳法。最後還要記住：「功夫不到終是迷，徒學不思是惘然。」

四、怎樣練出空化力

空化力是透過基本功法根的長久操練，真正練到全身節節貫串，周身一家，內外相合，一氣貫通，以意領氣，以氣運勁，發出的整勁稱為空化力。

按拳理要求，外操肢體，內練中氣（內勁），不懈努力，操之日久，則內外相合，一氣貫通，中氣足腦子一想，意到氣到，氣到勁到，就能打出空化力來。所以想練好空化力，必須練好內勁，即「中氣」，或曰「先天氣」。

1. 內勁運行

內勁是一種極為虛靈而又沉重的剛勁，是技擊中上乘功夫。心勁一發（腦子一想），而周身之筋骨節皆隨之，外之所形皆由內之所發，故稱「內勁」。

內勁是由平日法根基本功的操練中，以神貫注，出手用意，逐漸透過肢體活動，肌膚骨節鬆開，內氣也相應活動，日久則中氣貫足。

中氣足則氣勢盛，任督二脈通，即一氣貫通也。「先天氣」（中氣），上自百會穴，下貫會陰穴，貫於脊中，運行於肌膚骨縫中，貫於四肢（即手、足）尖。以心主宰發於丹田，收於丹田。

2. 空化力發放

全身內外相合，一氣貫通，以意領氣，以氣運勁，所發出之勁為全身整勁。

身、手、足五弓合一，是外整體勁的具體要求，精神

集中，頭頂項領，身法中正，腰胯鬆沉，背向後崩，脊柱上提，命門後凸，尾閭中正，使內氣在身體內部暢行無滯，腦子一想，意到氣到，氣到勁到。

本門拳術出手講「沾衣發勁」，而其中有產生加速度，意遠、勁長等因素，再加上內勁的運用，所以打出之勁，有風馳閃電之速，雷霆萬鈞之勢。

第五節　練拳姿勢

通臂拳練習時，要特別注意姿勢要求。姿勢稍有偏差，越練偏差越大，正所謂「差之毫釐，謬之千里」。

姿勢練錯，時間長了，糾正就很難，即常講「教拳容易改拳難」。

1. 頭頂項領

頭頂項領，也稱拔頂抗項，即頭要保持正直，下頜回收，頸項要豎直。但要取其自然，使精神貫頂，身體重心穩定。操手或發手時，借頭上項挺之勢發出整勁，即內含頂力、力發於外。

但平常操手練習法根，不可過於抗項，以免筋火上升或影響氣上行。

2. 空胸緊背

空胸緊背也稱吸胸緊背，前胸空使氣沉於丹田，後背繃使氣貼於背，能運用背力，力從脊發。背不繃（緊）則無從談通背、力發於背。含胸則背自然繃。但要切記不要形成扣胸，以免日久會傷及內臟。胸微含，背自然繃，可舒胸下氣，使氣血通舒。

3. 探臂鬆肩

探臂必須鬆肩，探臂能放長夠遠，鬆肩能使氣下沉。肩鬆則運臂靈活，使勁不聚於肩。

只有探臂鬆肩，方能臂長擊遠，手臂動作自然，力發於背，達於指尖。

4. 腰胯鬆

腰胯鬆，雙足有根，下盤穩固。腰胯鬆才能蓄勁發勁，身法變轉靈活。腰胯鬆而後挺，力貫四肢。

5. 尾閭中正

尾閭回收，即是提肛斂臀。尾閭中正，才能脊骨正直，陽氣上升，身體不鬆散。所以練習操手法根要時刻注意，即常講「不要反臀」。平常操練法根，肛門中正回收，則周身方可完整靈活。

6. 吸胯提膝

吸胯，指兩腿動作要以胯支配下肢。胯吸則膝隨之上提，兩腿分出虛實，重心大部放在後腿，底樁穩固，身不致傾斜。久操練則進退靈活，變轉迅速。練時注意兩膝相對，掩襠護腎。

7. 三尖對正

平時操練要求三尖對正，「三尖」即手尖、足尖、鼻尖，即所謂「拳由口中出」。平時操手就養成習慣，一出手便「中正不偏」，在與對方交手時才能出手準確。

8. 內外相合

拳術最要者，乃手、眼、身法。手眼身法步，腕肘肩

胯膝，心神意氣膽，血筋骨皮，處處皆合，身法如電，運動如飛。「拳似流星眼似電，腰似蛇形腳似鑽」，道出內外相合之一氣貫通。

9. 練拳六忌

一戒努氣。努氣易產生胸滿氣逆，開始感到胸部不舒服，日久則內臟受傷。

二戒拙力。拙力使血脈不能通暢，經絡自難舒展，練功日久，則四肢受損，並且越練越僵，永遠操不出空化力來。

三戒腆胸。腆胸氣逆，使氣不能沉入丹田，產生氣浮、身體不穩之弊。

四戒順肩。順肩則周身散亂，不能發出全身整勁。

五戒歪臉。歪臉也稱賣臉。操手時，若頭不正、臉歪成習慣，則遇敵交手時眼不正視對方，出手必然不正，看不見敵情變化，打擊點便不會正確。

六戒斜胯。胯不正，發手時無法沉胯，發不出全身整勁，身法變換也不會靈活。

第六節　學藝道理

一、武術五步功夫

張策大師過去常對弟子講，中國武術有五步功夫，即小乘、中乘、大乘、上乘、上上乘。

1. 小乘

用定招定式而取勝，謂之「小乘」。

2. 中乘

無定招死法，隨機應變而取勝，謂之「中乘」。

3. 大乘

雖有眾多之法，而能夠萬法歸一，使對手防不勝防，謂之「大乘」。

4. 上乘

舉手抬足動靜處，以自身觸覺之本能發力而取勝，謂之「上乘」。

5. 上上乘

萬法皆通，隨心所欲而無形跡，使對方如臨天網無從逃避，謂之「上上乘」。

從以上五步功夫，可知學無止境，達到武功上乘境界誠非易事。

二、練好武功條件

要練好武功，天資、環境、師傳這三個條件缺一不可。所謂天資，指練武術的好材料。環境，主要指生活條件和周圍環境。師傳是指師傅傳授，天資再好，無明師指點也不行。

三、明　理

學拳首先學理，要做到明理、知勢、知法。按理練功夫，每過一段時間，要對照悟化一番，功夫越大，其理領會越深。練功夫離開理，猶如人走路迷失方向，不但練不出功夫，還會有害身體。

通臂拳理法，粗解甚易，實求之則難。以其表面觀之，淺如清水；以其內容論之，深如陰陽，甚至有練一世不解其理者或學不到理，可見得理、懂理、悟化之難。所以，要動腦筋細心揣摩悟化，方可真正身得其勢，心得其理，理順勢通、得其精微，方能練出高深武功，達到武術最高層次。

通臂拳理法過去一般不輕易傳人。拳譜上文字說明對重要練法即理法不能詳盡，必須由老師口傳心授，對一招一式掰開揉碎才能慢慢領會。學者真正掌握了理法，在練習過程中注意校正，才能精益求精，將理練到身上。

前輩常講，「徒訪師三年，師訪徒三年」，說明學拳遇到明師不易，老師得一好徒弟亦非易事。遇到明師（非名師），才有可能學到本門拳理。理不齊，練到老也達不到武術最高境界。猶如人走路，方向稍偏，越走離目的地愈遠，即差之毫釐，謬之千里也。

所以有了功夫，還應虛心，投明師，訪高朋，以驗證自己所學是否是真理，並吸取各家之長，這樣才能不斷提高、不斷進步。

通臂拳一招一式練習，須分段落詳細明瞭練法。

第一步求其順遂，化去身上僵勁，要鬆、軟、慢。鬆，即全身放鬆，氣方能下沉丹田，出手不會打出僵勁。軟，指不用拙力，但非全然無力。初學此界限難分，初練由慢入快、由緩入急。操手如鞭如繩，無絲毫滯凝，全身各處不可固執。

第二步知道發勁原理，由何處發力。

第三步講「拆用」。每一招式動作，雖外觀差不多，但所發勁不同，而通臂拳主要的是練勁。

初練不可貪多，多則意亂神迷，終無一成。必須按理循序漸進、由淺入深，一招精通，觸類旁通。

練功當中，發現偏差，立即糾正，否則越練偏差越大，習慣成自然，再想糾正非常困難。所謂教拳容易改拳難，即指此也。

第二章　基本功

通臂拳基本功，是初學者最基本的功夫。對原地操練、不移動步的勢法稱「站樁」。稱樁的意思，是兩腳如打入地裡的木樁，如混凝土樁一樣穩固。若腳站立不移固，則全身虛浮，上重下輕，氣不能下沉，內勁不生，無真實的勁。如建築房屋，基礎必要穩固，方不致有傾斜或坍塌危險。

所以練習通臂拳，必須先由基本功法練起，初步打好基礎，再練「行樁散手」勢法。

第一節　掌的形式

通臂拳掌的形式很多，主要有四種。至於通臂掌的操法用法，須按照某招某式的用法，區分其掌形。

五指併在一起的掌，分直掌、立掌；其五指分開彎曲如爪形者，稱爪形掌；五指肚掐在一起，屈腕或鉤形者，稱勾手掌。由手成掌，手心稱掌心，手背稱掌背。

1. 直掌

五指併攏，指尖向前，大指在上，四指在下，掌心向裡，掌背朝外，稱為直掌。

2. 立掌

正立掌，四指併攏朝上，大指微張，指尖朝上，掌心向前。

側立掌，五指併攏，指尖向上，小指朝前，大指朝後，掌心向內，掌背朝外。

3. 爪形掌

掌心朝下，五指張開，作彎曲形狀，指肚向裡回勾，似鷹爪形，稱為爪形掌（圖2－1）。

4. 勾手

腕關節朝下彎曲，五指肚掐在一起朝下，成為勾子的形狀，與小臂形成90°角（圖2－2）。五指掐在一起的指尖稱為勾尖，腕關節彎曲部位稱為勾項，手背稱為勾背。

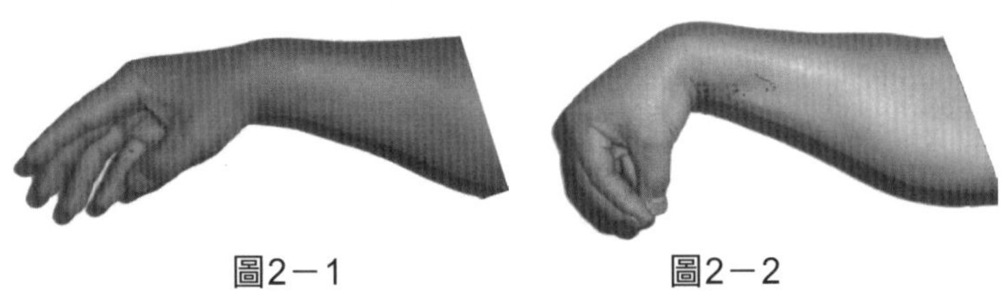

圖2－1　圖2－2

第二節　拳的形式

拳的名稱，一般都知道由掌握成。在拳術中，對握成拳的各部位，有一定的名稱。如：手背稱為拳背；手心稱為拳心；食指、中指、無名指和小指上節排列一處的正前方，稱為拳面；大拇指與食指扣成圈形的部分叫拳眼，也稱之為虎口。

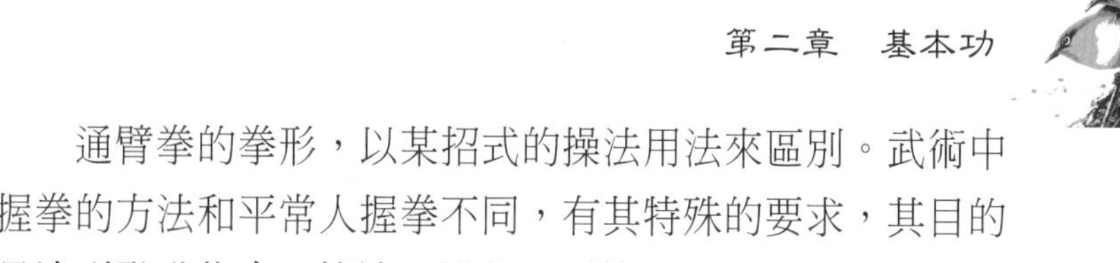

通臂拳的拳形，以某招式的操法用法來區別。武術中握拳的方法和平常人握拳不同，有其特殊的要求，其目的是達到發勁集中、快速、變化靈活等。

1. 尖拳

尖拳有三種形式。

(1) 第一尖拳

第一尖拳也稱食指尖拳。其握法是：食指伸出，指尖作彎曲形；大拇指伸直，指肚搭在食指中節的下面，緊緊掐在一起；中指、無名指、小指掐在一起，指肚緊貼掌心，三指與拳面相平，而大指和食指中節凸出拳面（圖2－3）。

(2) 第二尖拳

第二尖拳也稱中指尖拳。由掌握成拳形，大指背的中節骨節與中指背的梢節，骨節對正，使中指背的中節骨尖凸出（圖2－4）。

(3) 第三尖拳

第三尖拳也稱二指尖拳。大拇指指尖掐在無名指的根節處，無名指和小指的指肚緊扣掌心，無名指壓在大指的指尖上，食指中指的指尖緊扣本指的根節，因而食指和中指的中節骨尖凸出（圖2－5），所以稱為二指尖拳，或稱

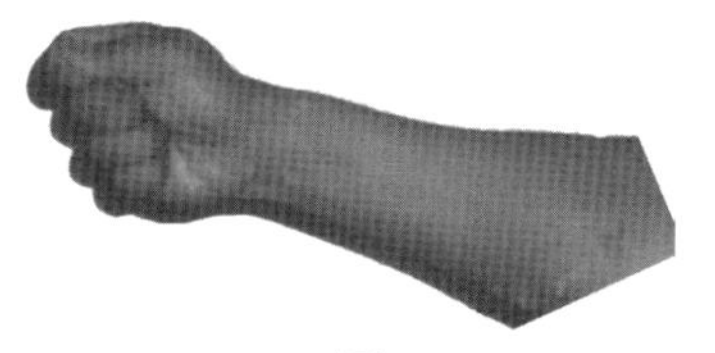

圖2－3

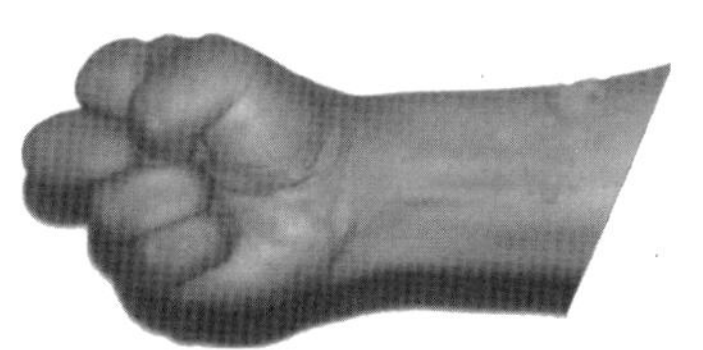

圖2－4

透骨拳。

2. 扣拳

扣拳在形式上好似虎爪，所以也稱虎爪拳。其握法是：掌形五指的根節挺直不動，食指、中指、無名指、小指梢節與本指的根節合扣貼緊，大指的指肚與食指側面緊貼在一起（圖2－6）。

3. 平拳

平拳的握法是：食指、中指、無名指、小指四個指尖緊扣在掌心，大拇指的梢節指肚壓在食指和中指的中節指背上，四指的根節至中節（指背面）要平（圖2－7）。

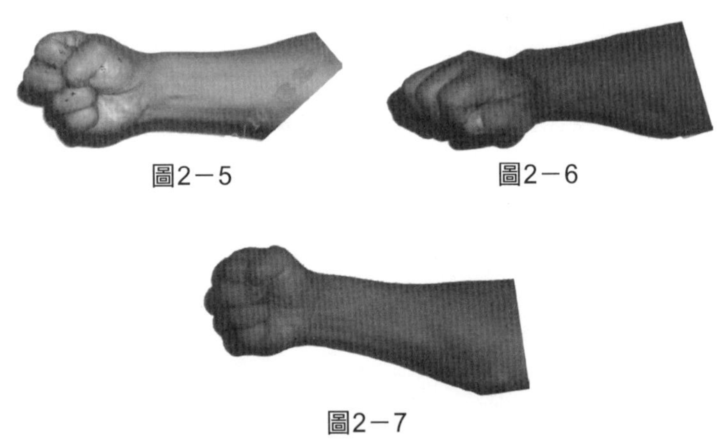

圖2－5

圖2－6

圖2－7

第三節　站樁步法

通臂拳的基本功首先講求下盤穩固。必須把底樁步法練好，奠定根基，再練其他勢法。步法分五種，分別詳述於下。

一、虛實步

是兩足一虛一實的步法。

1. 預備式。兩足立正姿勢，頭要正，身要直，二目向前平視，雙臂自然下垂，平心靜氣，精神集中（圖2－8）。

2. 由預備式，左足（或右足）向前邁進一步，前腿提膝，足尖點地，足趾抓地向後微拉，後足踏實站穩，屈膝坐胯，膝與胯平，身體重量放在後腿上九成（圖2－9）。

【要點】身正腰直，鬆肩，雙臂鬆垂，提膝坐胯，掩襠護臀，吸胸緊背，舌抵上齶，氣沉丹田，二目平視（不可腆胸後仰或左右偏斜），尾閭回收，呼吸自然。

二、弓箭步

弓箭步的站法是，前腿屈膝，膝向前頂；後腿蹬直，足趾抓地，形如拉弓放箭，所以稱為弓箭步。又因後腿蹬

圖2－8

圖2－9

圖2－10

直，故亦稱弓蹬步。

1. 同虛實步預備式各項要求。

2. 由預備式，左足（**或右足**）向前邁一大步，前腿屈膝，膝蓋與足尖垂直，胯與膝平；後腿蹬直，足踏實地，全身重量前後平均（圖2－10）。

【要點】頭頂項挺，二目向前平視，鬆肩垂臂，空胸緊背，後腳落實，呼吸自然，氣沉丹田。

三、騎乘步

騎乘步俗稱騎馬式，也叫騎馬蹲襠式，如人騎在馬背上一樣。

1. 預備式。兩足立正姿勢，頭正身直，二目向前平視，雙臂自然下垂，平心靜氣，精神集中。

2. 由預備式，左足向左（**或右足向右**）橫邁一大步，兩腿屈膝下蹲，撐襠坐胯，膝與胯平，膝蓋不過足尖，全身重量左右對稱，脊椎直立，臀部略向回收，兩足平行站穩（圖2－11）。

【要點】頭頂項挺，身正腰直，鬆肩垂臂，坐胯，吸胸緊背，氣沉丹田，二目平視，尾閭回收。

四、半仆步

兩腿橫步邁出後，一腿屈膝，坐胯下蹲；一腿蹬直，

如單叉式，也稱為單叉步。

1. 同騎乘式預備式。

2. 由預備式，兩足尖併齊，左腿（或右腿）向左（或向右）橫邁一大步，一腿膝下蹲，膝與胯平；一腿蹬直，兩足平踏站穩（圖2－12）。

【要點】頭正腰直，雙臂自然下垂。切忌腆胸翻臀或前俯後仰，雙足平踏站穩。

五、四六步

四六步也叫小弓箭步，全身重量放在前腿四成、後腿六成，因此稱為四六步。前足裡扣，後足裡合，順成一條線，又稱順步。

1. 同虛實步預備式。

2. 由預備式，左腿（或右腿）向前邁一步，兩膝半屈，前足尖微向裡扣，後足裡合，前足尖內側與後足跟內側站成一條直線，身體重量前腿四成、後腿六成（圖2－13）。

圖2－11

圖2－12

圖2－13

【要點】頭頂項領，身正腰直，雙臂自然下垂，二目向前平視，鬆肩鬆胯，尾閭回收，前足掌點地，胯往回吸，氣沉丹田，呼吸自然。

第四節　活身操法

通臂拳基本功，初步練習是活身，為初學入門的必要途徑。首先要練好腰、背、肩、肘、腕、胯、膝等活身動作，待各關節練活以後，再進一步練其他招式。

一、活臂法

1. 柔肩順背

(1) **預備式**。右足向前一步，前足裡合，雙足順腳步站立，前足尖內側與後足跟內側站成一條直線，腰胯要正，後腿微屈，全身重量七成放在後腿上。右手置右腿胯裡側，左手臂自然下垂。二目向前平視，全身放鬆，氣沉丹田，呼吸自然，精神集中（圖2－14）。

圖2－14

(2) **柔肩**。左手臂向前向上再向後掄轉一周，五指自然伸開，手微張，手指非併微離，手臂向前掄時腰胯隨勢向前移動，手臂掄到上方時腰胯恢復原來姿勢，全身重量隨手臂向上七成移在後腿上（圖2－15）。

連續操練，換左足向前操右手

臂，左右同式。

(3) **順背**。仍如前預備式站法，左手臂向後，由後向前掄臂，手到前方時腰胯隨勢向前移動，隨手勢向下沉，後移，全身重量仍恢復七成放後腿上（圖2－16）。換步操練，左右同步。

【要點】

(1)在操練時，動作要自然，不要低頭貓腰，亦不要扭肩擰胯，身體要正。

(2)外形以身帶手操練，內五臟亦隨勢畫圈活動。手臂向前掄，謂之「指天」，其意是放遠；往上如手指破天；往後謂之「畫地」，其意手往回將地畫一道溝。即是操法用意念不用拙力。

(3)柔肩手到上方向後時，手臂向外擰；順背手到前方時，手臂向外擰。

圖2－15　　圖2－16

【功用】此法根功用是活肩活臂，鍛鍊腰胯，使全身氣血流通，勁隨氣引，自腰背直達手指尖。

2. 慢柔肩

(1)同「柔肩順背」預備式，左足在前。

(2)右手臂微屈肘，手指向前，掌心向左，用腰胯背帶動右手臂緩緩向前平伸。左膝隨勢向前拱，膝蓋不過足尖為限度（圖2－17）。

(3)掌心轉為向下，手臂以背往回吸收，右手背向上抬，身體隨勢向上起（圖2－18）。

(4)手臂起到與肩垂直時，腰胯放鬆，蹲膝軋胯，手臂向右側垂直下落，置右胯外側（圖2－19）。換步操練，左右同式。

【要點】

(1)手臂向前，以腰胯帶動，以意領勁。動作要緩慢，手向前如挑著一根絲線，過快則絲線將斷。二目向前

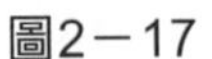

圖2－17

圖2－18

圖2－19

平視，望到遠處，其意為手已達到該處。

(2)手臂向下落時，先鬆腰鬆胯，全身向下鬆墜。手向上為開，手向下為合，自始至終身要正，呼吸自然。操練日久，慢慢達到動作與呼吸結合。

(3)手臂向前時，身體重量由後腿向前移動。手臂向上向下時，身體大部分重量放在後腿。

【功用】活動背肩，鍛鍊腰胯，氣血流通，使勁隨氣引，由足而膝、胯、腰、背、肩、肘、腕，直達手指，使全身力為一個整勁。

3. 雙柔肩

(1)同「柔肩順背」預備式。雙臂自然下垂，左足或右足在前。

(2)右手臂向前向上向後掄轉一周；同時，左手臂向後向上向前掄轉，雙臂一上一下、一前一後同時操動，而方向相反（圖2－20）。換步練，左右同式。

【要點】

(1)頭要正，腰要直，三尖（足尖、手尖、鼻尖）對正，二目向前平視。

(2)全身放鬆，氣下沉，呼吸自然。

(3)以腰背帶動手臂動作，雙臂要上貼耳、下貼胯，鬆肩，雙臂舒展。

圖2－20

【功用】雙臂及肩、肘、腕高度

靈活。

二、活腰法

活腰是非常重要的，腰靈活，則周身轉動得力，便於伸縮往來，再帶動步法靈活，進退迅速，發勁完整。經日久操練，對腰椎的保護以及全身各部關節靈活，能起到很大作用。

1. 搖山（也稱涮腰）

(1)預備式。立正姿勢，鬆肩、鬆腰、鬆胯，全身放鬆，雙臂自然下垂，二目向前平視，氣沉丹田（圖2－21）。

(2)由預備式，兩足左右分開，雙足距離與肩同寬（圖2－22）。

(3)腰胯向下鬆沉，然後以脊骨帶動雙臂左右晃動，雙臂甩起分別落在前腹上及後腰部位，身形隨勢左右轉動，頭項同時也隨身勢左右扭動，雙目也隨之向左右後方注視（圖2－23）。

(4)此式初練以腰為主帶動雙臂，進一步則以脊骨為主帶動手臂，最後以足蹬之勢帶動雙臂及腰背，以增其活動量。

【要點】操練時鬆肩，鬆腰胯，全身意念向下鬆沉。雙臂要舒展，如鞭如繩，無絲毫用力。勿低頭貓腰，氣下沉，呼吸自然，以腰脊帶動，目隨身轉。

【功用】

(1)活動肩、背、腰。因以腰背帶動全身動作，得使

圖2－21

圖2－22

圖2－23

肩、肘、腕、胯、膝、足都得到順遂運動。

(2)雙小臂及手動作的著力點在兩肋及腰部，操練日久則肋、腰得到鍛鍊。

2. 轉腰

(1)同「搖山」預備式。

(2)由預備式立正姿勢，兩手臂相交搭於肩前，兩小臂攏抱在一起，左手搭在右臂上，右手搭在左臂上，兩肘高度與肩平，也稱「抱肩」（圖2－24）。

(3)兩足原地不動，全身向左扭轉，然後往右扭轉，左右連續操練。

【要點】頭要正，腰要直，周身放鬆。身體左右扭轉要盡最大限度。呼吸要自然，氣往下沉，頭項隨身形轉動。

3. 腰根

(1)同「搖山」預備式。

(2)由預備式，雙足左右分開，與肩同寬，雙臂下垂，手心向內（圖2－25）。

(3)腰向左轉，雙臂隨腰動到左側，提腰背扭項，向右上方看（圖2－26）。

(4)承上式，腰由左向右轉動，姿勢與向左側轉動相同，轉到右側時提腰背，向左上方看（圖2－27）。

(5)扭頸，扭身，要向遠處看，在眼看和扭身前則先用脊背往上提。

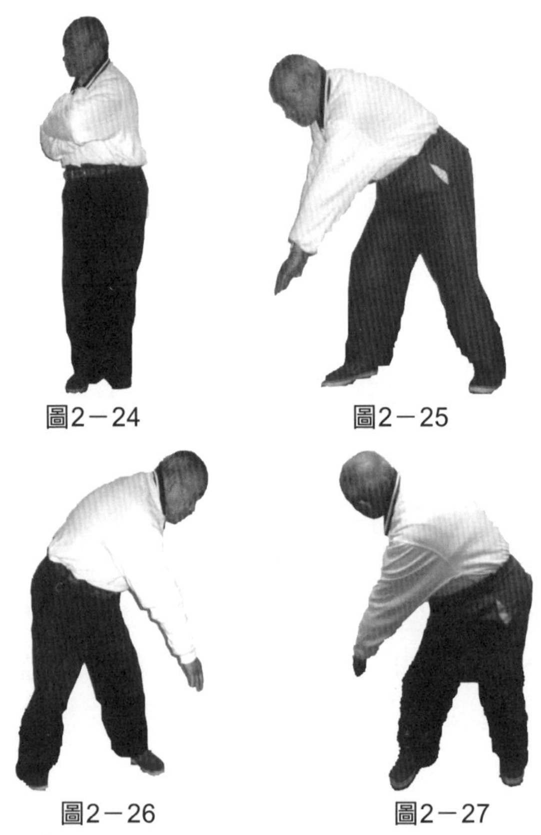

圖2－24　圖2－25

圖2－26　圖2－27

【要點】

(1)雙臂自然下垂，隨腰的移動兩臂相距不變，在腰背上提時，雙臂亦隨之向上提。

(2)提腰背向左（或右）後上方看時，盡最大限度扭頸，往遠方看。

【功用】

(1)向左右提腰背扭項，鍛鍊腰背動作的整勁，活動腰背及項。

(2)當與敵人交手時，被敵摟往後腰，可用此身腰背扭項的動作，將敵人甩出去。

4. 搖身

(1)同「搖山」預備式。

(2)由預備式，兩足左右分開站立，寬約一步，身向下蹲，雙臂伸開置右足前右方，全身重量集中在右腿上（圖2－28）。

(3)承上式，全身重量緩緩向左腿上移動，上身及雙臂隨身勢向左移，雙臂置左腿左前方。

(4)承上式，上身向後仰，向右轉動一周仍回原式，在上身後仰轉動的同時，雙臂隨之向後向右上方轉動（圖2－29）。繼續操練，左右同式。

【要點】以腰轉帶動上身以及雙臂轉動，身體盡最大限度向後仰，隨練習時間日久逐漸縮小背與地面的距離。全身要放鬆，毫無僵滯之處。呼吸要自然，切忌強制呼吸。

【功用】鍛鍊腰、脊高度靈活。

圖2－28

圖2－29

三、活腿法

武術鍛鍊中，兩腿的動作運用和雙臂同樣重要。兩胯是腿的根節，所以活腿必要活胯。步法的前進後退，腿的一屈一伸，必須胯膝的關節靈活才能得力。

1. 活胯提膝

(1)預備式。立正姿勢，鬆肩，雙臂自然下垂，目向前平視，呼吸自然，氣沉丹田。

(2)由預備式，一足踏地站穩，一腿鬆胯提膝，膝與胯平，足尖前伸，腳面下綳，一起一落，連續操動。在腿一起一落的同時，雙臂隨之起落，前後悠蕩（圖2－30）。左右同式。

【要點】周身放鬆，胯要靈活，提膝時腳向前伸，即提膝搓踢。腳落地時足掌放平，腳尖切勿往上蹺，以免足跟蹲傷。

【功用】鍛鍊日久，使膝、胯高度靈活。

2. 悠蕩腿

(1)同「活胯提膝」預備式。

(2)一足踏實地，一足懸空，用腰催動懸空之腿前後悠蕩（圖2－31）。換步練習，左右同式。

【要點】全身放鬆，腿前後悠動以腰帶動，腿要放鬆，如同座鐘的下擺，左右晃動不用力。初練可一手扶樹，足下墊一物體，使晃動之腿得以離地。

【功用】活動腰腿，使胯腿關節筋骨舒展靈活，治療腿關節疼痛諸症。

四、活膝法

膝為腿的主要部分，屈伸轉折，進退起伏，皆賴膝的靈活。若經常鍛鍊，對腿的保健有很大幫助，可預防腿的各種疾病。

1. 同「活胯提膝」預備式。

圖2－30

圖2－31

圖2－32

2. 由預備式，雙腿屈膝，兩手扶左右兩膝蓋上，兩腿同時前後左右畫圈，由左向右或由右向左（圖2－32）。

五、活腕法

腕為臂的梢節，腕不靈活，則手的動作遲鈍。如使用兵器，需手腕高度靈活，只有手腕靈活，才能發手迅速得力。所以，活腕也是基本功的主要一項。手腕隨時隨地都可以鍛鍊，可單手操練，也可雙手同時操練。

1. 抖腕

上下抖腕，手心向上；左右抖腕，手心向裡。

2. 轉腕

手形如勾手形狀，向左右或水平扭腕畫圈。

六、活背法

通臂拳講究精通於背。精於背，則勁發於背。所以，把背練活有其重要意義。背即是手，活背是基本功中最關鍵的項目。

1. 黃龍探爪

(1)預備式。立正姿勢，頭正身直，二目向前平視，雙臂自然下垂，平心靜氣，精神集中。

(2)由預備式，右足前進半步，站成「四大步」樁。

(3)左手臂抬起，手心向下，手指向前，用脊背往後駝到肩部，轉而向下，手心向下，手指向前穿；在左臂動

圖2－33　圖2－34　圖2－35

作的同時，右手在下，手心向下往前方穿，手到前方後轉而手心向上（圖2－33）。左右手臂循環連續操練。換步，左右同式（圖2－34）。

【要點】

(1)以背帶動雙臂動作。

(2)雙臂前後上下移動，全身要放鬆。手臂動作時，腰胯隨之活動（微動），不可固執。

【功用】

活動脊背，鍛鍊背即是手，手即是背。在操練和動手時，以脊背力達於手指。

2. 金龍合口

(1)同「黃龍探爪」預備式。

(2)由預備式，右足前進一步，站「四六步」樁。

(3)雙臂伸向前上方，兩手手心向裡相對，手指衝前，兩手臂相距同肩寬（圖2－35）。

(4)以背帶動雙臂上下畫圈，兩手似揉一個圓球（圖2－36）。換步練，左右同式。

【要點】雙臂自然伸直，操練時手臂不要抽撤。以脊為軸，完全用脊背帶動雙手畫圈。

【功用】活動脊背，鍛鍊以背力發手，達到力由脊發於手指。

第五節　站樁活身練法（10種）

1. 提絡順背

(1)預備式。立正姿勢，身正直，全身放鬆，頭正，下頜微向回收，二目向前平視，呼吸自然。同虛實步站樁姿勢。

(2)由預備式，左足向前小半步，左右手成勾手。

(3)右手臂向前，高與肩平；左手同時向身後作勾手，勾尖朝上（圖2－37）。

圖2－36

圖2－37

(4)蹲膝坐胯，同時左手由後向前上方提，右手由前向下向後（圖2－38）。身形隨勢升起，兩臂恢復原式，左手在前（圖2－39）。

繼續練，右手由後向前作提手，左手由前向後，蹲膝坐胯操法同前式。

【要點】

(1)手向前向後，其意念在勾手的勾背上，勾背有往前往上頂的勢態。

(2)三尖要對正，三尖即是手尖、足尖、鼻尖。在操練時，前手與鼻尖及前足尖要在一條直線上。

(3)手前後操動，身形則隨之起落。身形下落時略快，如人墜陷阱。身形往上起時要慢。起為吸氣，落為呼氣。但是，呼吸要自然，一起一落一開一合，猶如氣球一漲一縮。

【功用】鍛鍊腰、胯、膝，在動手時腰胯能鬆下去，打出全身整勁。

圖2－38

圖2－39

2. 抖身

(1)同「提絡順背」預備式。

(2)由預備式，兩足左右分開站立，雙足相距約一肩寬，雙臂屈肘置於胸前，手心向上，兩手手指相對（圖2－40）。

(3)腰胯向下鬆，雙腿屈膝，雙臂隨身形向下之勢上下連續抖動，兩手臂與腿同時動作（圖2－41）。一起一落連續操練。在雙臂上下抖動的同時，抖手腕甩手指。

【要點】頭向上頂，身正腰直，周身放鬆。動作要緩慢均勻，不要忽快忽慢。呼吸要自然配合。

【功用】鍛鍊腰、胯、膝起落伸縮靈活，鍛鍊肩、肘、腕、手指高度靈活，鍛鍊出全身突發整勁。

3. 撣手

(1)同「提絡順背」預備式。

(2)由預備式，右足前進一步作虛步，左腿屈膝，身體重量七成放在後腿上，三成放在前腿上，前腿足掌點

圖2－40

圖2－41

地，吸胯提膝。右臂下垂，置於胯的右外側，手心向內，手指向下，左手攏胸（圖2－42）。

(3)左手臂屈肘貼肋，手置右乳上；右手手心向上，從前面往上托，高過頭項，隨手向上之勢腰微上提（圖2－43）。

(4)鬆腰，鬆胯，墜肘，右手從原來路線屈肘轉到肩後上方，掌心向前（圖2－44）。

(5)換左足在前操練，左右同式。

【要點】

(1)手向上托為開，手向下為合，要自然結合呼吸。

(2)全身要放鬆，無僵滯之處，三尖（手尖、足尖、鼻尖）要對正，頭頂項領，身要正直。

(3)手向上時，意念如托物往高處擱放，手中正不偏。手臂下落時，先鬆腰、鬆胯，後沉肩、墜肘。

【功用】舒展肩、肘、腕，鍛鍊運臂抽擇之力。

圖2－42　圖2－43　圖2－44

4. 雙撣手

(1)同「提絡順背」預備式。

(2)由預備式，右足前進一步，站成「四六步」。左腿屈膝，身體重量六成放在後腿上，四成放在前腿上。雙臂下垂置於左右胯外側，手心向內，手指向下。

(3)承上式，雙手臂同時操動，右手向前向上高過頭項，手心向上；同時，左手屈肘置於左耳後方，掌心向前（圖2－45）。

(4)承上式，右手臂墜肘屈肘，手轉到右耳旁；同時，左手同上式右手同樣動作，向前上方高過頭頂，手心向上（圖2－46）。左右連續操練。

(5)換左足在前操練，左右同式。

【要點】

(1)在雙手臂動作的同時，腰胯隨勢起伏，不可固執。

(2)三尖對正，手向上如托物向前上方，手臂下落時肩、肘鬆墜。

圖2－45

圖2－46

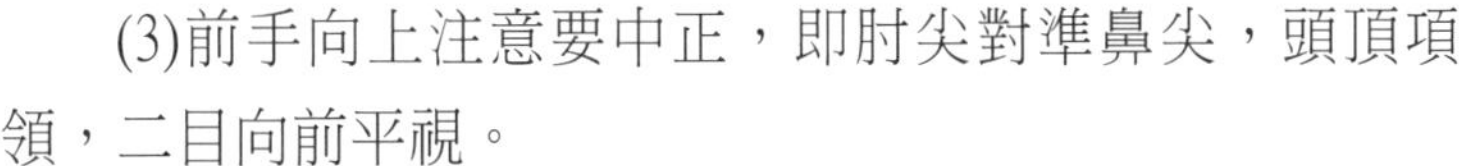

(3)前手向上注意要中正，即肘尖對準鼻尖，頭頂項領，二目向前平視。

【功用】舒展肩、肘、腕，鍛鍊雙臂抽擇之力。

5. 引手

(1)同「擇手」預備式。

(2)由預備式，右足向前進半步成虛步，後足為實，全身重量大部分放在後腿上。

(3)承上式，右手掌心向上，向前上方作引手，手高過頭頂；同時，左手補助右小臂（圖2－47）。前手要三尖對正。

(4)承上式，雙臂鬆墜向下落至胯外側，左手向前作引手，右手補助左小臂（圖2－48）。

(5)換左步向前，左右同式。

【要點】

(1)手向上時，其意念猶如手中托著東西，往高處放置。

圖2－47

圖2－48

(2)腰胯隨手臂起落微動，不可固執。先鬆腰胯，再落手臂。

【功用】鍛鍊腰、胯、手臂靈活。鍛鍊手臂同腰胯整體配合發勁。

6. 晃海

(1)同「提絡順背」預備式。

(2)由預備式，兩足左右分開站立，雙足同肩寬。雙手臂下垂，掌心向下，手指沖前方，五指張開微屈扣（圖2－49）。

(3)右手與右足同時向下沉；同時，左手向上，全身重量隨下沉之勢移往右腿上（圖2－50）。

(4)承上式，左手向下按，右手同時向上，全身重量由右腿移往左腿上（圖2－51）。

【要點】左右晃動雙臂，全身向下鬆墜，其意在兩手心，兩手如按在水中的兩個木瓢，此起彼沉。

【功用】練習日久，氣血和順，貫通四肢。

圖2－49

圖2－50

圖2－51

7. 掩肘

(1)同「提絡順背」預備式。

(2)由預備式，右足向前進一步，站成「四六步」樁。

(3)雙臂屈肘貼於左右兩肋上，兩小臂斜立胸前，雙手握拳（圖2－52）。

(4)承上式，右肘向上向左畫一立圈，拳高與頭頂齊，仍回原處（圖2－53）。左右循環操練（圖2－54）。

(5)換左足在前操練，左右同式。

【要點】以脊背動帶動雙肘畫圈。

【功用】鍛鍊背力，活動脊背，用脊背的力量帶動肘來化敵人來手。

8. 摟手

(1)同「提絡順背」預備式。

(2)由預備式，右腿向前進一步，站成「小弓箭步」。雙臂自然下垂，二目向前平視。右手從胯向前伸出，微向外張，手成爪形，五指微屈，掌心朝裡，指尖向

圖2－52

圖2－53

圖2－54

圖2－55　　圖2－56

前，向左下方摟回，掌心貼於左胯前（圖2－55）。

(3)承上式，左手同上式右手動作，向右下方摟回，掌心貼於右胯前（圖2－56）。

(4)雙臂連續摟刨，換步左右同式。

【要點】操手時頭正腰直，二目注視前方，似有敵人手在目前。摟下時手掌微收，隨即鬆開。

【功用】鍛鍊五指回勾、摟、刨、擄、帶之勁。出手摟刨，虛實並用。

9. 盤腿

(1)同「提絡順背」預備式。

(2)由預備式，右膝微屈站穩。右手臂自然下垂，掌心向下。左足足掌貼地，向前向左再向右畫圈。在左足動作的同時，左手掌心向上，從腋下向前向左翻掌，掌心向下畫圈（圖2－57），回腋下仍變為掌心向上。

(3)承上式，反方向操練，左足從前方向左向後畫

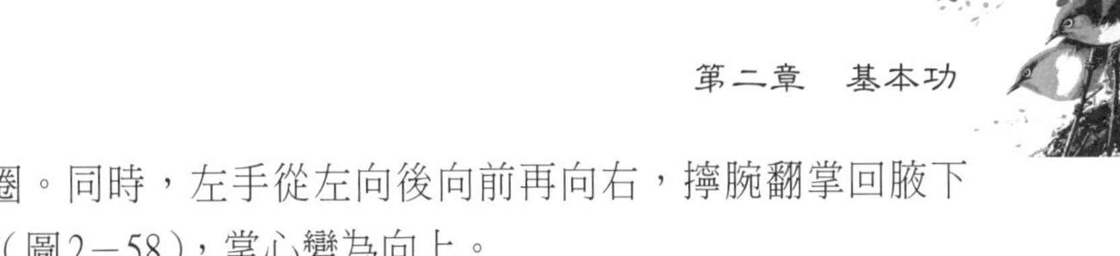

圈。同時，左手從左向後向前再向右，擰腕翻掌回腋下（圖2－58），掌心變為向上。

(4)連續操練一段時間，手足正時針方向畫圈，再反時針方向畫圈，換步練左右同式。

【要點】

(1)以腰背帶動手足畫圈。向前用腰送手足；向後提背，以背將手足提回。

(2)手與足畫圈動作要協調一致。翻手轉腕，意念如勾著敵人之手，即是有意識翻掌擰手腕穿滾，如找敵人之手，有化開之意。

(3)第一階段操練，重點在轉手腕，鍛鍊腕力。練之日久，則以肩肘隨之開展，配合手勢圈加大，足畫圈亦相應加大。

(4)初練此式因下盤不穩，可用手扶一物體，使得身形站穩。

圖2－57

圖2－58

【功用】

(1)鍛鍊手、肩、腕、足、膝高度靈活，進退自如。並且鍛鍊手足腰背整體配合，用手時發勁出自腰背。

(2)鍛鍊進步發手，退步化手，手腕和小臂鑽、翻、繞、滾之運用靈活。

10. 金蟾脫殼

(1)同「提絡順背」預備式。

(2)由預備式，雙足左右分開站立，兩腿相距同肩寬，彎腰90°，雙臂自然下垂置膝前，兩手手心相對向內（圖2－59）。

(3)承上式，以背上下活動帶動雙臂上下活動，左右上下循環動作（圖2－60）。

【要點】在操練時注意頭勿下垂。每次練此項時間不宜過長，以數十動為宜。此式應在練完功後操練。

【功用】透過此式活動，使周身血液各歸於原處，恢復氣血常態。

圖2－59

圖2－60

第六節　掌式練法（25種）

1. 捽掌

(1)預備式。立正姿勢，頭正身直，二目向前平視，雙臂自然下垂，平心靜氣，精神集中。

(2)由預備式，站成「四六步」樁，右足在前。

(3)承上式，右手向前上方做提手式，變勾手高與眉齊；在右手上提的同時，左手從右小臂向下摟刨，屈肘腹前，掌心向下（圖2－61）。

(4)承上式，右手張開向下捽擊；左手同時在腹前五指張開，以助右手下擊之勢（圖2－62）。

【要點】

(1)提手變為勾手向下捽擊時，手勾尖對準鼻尖，腰胯微鬆，拔頂抗項。

圖2－61

圖2－62

(2)手上提為吸，手向下擊為呼，但呼吸要自然，手向下摔擊時氣向下沉，頭向上頂。

(3)手向上提，其意在勾背上，雙手動作協調一致。

【功用】操練手摔擊的抖、炸之整勁。

2. 提手單摔掌

(1)同「摔掌」預備式。

(2)由預備式，右足向前進一步，站成「四六步」樁。

(3)承上式，右手屈肘，手做提手式從乳旁貼身向上提（圖2－63），高與肩平時，轉為手背向外向前下方摔擊，然後手落在右胯裡側，手背向內，五指向下（圖2－64）。左右手同式。

(4)繼續練，右手落下後，左手隨之向上提，貼身從左乳旁向上提，高與肩平時，轉為手背向外，向前上方摔擊。

(5)換左足在前，左右同式。

圖2－63

圖2－64

【要點】手向上提時提背，臂放鬆，手下擊後使手臂自然向下鬆掉。

【功用】肩、肘、腕舒展，以背帶動手臂鍛鍊摔擊整勁。

3. 迎面摔掌

(1)同「摔掌」預備式。

(2)由預備式，站成「四六步」樁，右足在前。

(3)承上式，右手成勾手上提，從左乳貼身向上提，高與肩平時向前上方摔擊，手背向外，高與眉齊（圖2－65）。

(4)承上式，左手同上式，從右乳上貼身向上提，高與肩平時向前上方摔擊，手背向外，高與眉齊（圖2－66）。在左手向外摔擊的同時，上式摔出的右手原地不動，手腕向下扣，隨後落於左胯根部。

(5)繼續操練，右手向前摔擊，左手落於右胯根部。

圖2－65

圖2－66

【要點】

(1)出手要在中線上，手對準鼻尖，手腕向下擰扣，其意在摟敵人來手。

(2)用背往外扔手，向前摔擊與扣手腕同時動作。

(3)操手時不得扭頸歪臉，腰胯要正。

【功用】鍛鍊手的抖、摔擊力以及手腕的刁、鎖、扣力。

4. 拍掌

(1)同「摔掌」預備式。

(2)由預備式，站成「提膝步」樁或「四六步」樁，右足在前。

(3)承上式，右手臂抬起向前伸，高與肩平，掌心向下，五指向前；左手同時屈肘貼肋立掌，手心向右前方（圖2－67）。

(4)承上式，右手翻掌向上，向左方畫弧，手心向上往下一壓，高與眉齊，手指向前方；同時，左手屈肘貼肋立掌，掌心斜向右前方，二目注視前方（圖2－68）。

(5)承上式，左手掌向右手掌處拍擊，立即變為勾手；右手同時從左小臂上摟回，屈肘護肋（圖2－69）。

(6)繼續操練，左手轉為掌心向上，右手同上式向前拍擊，左手撤回屈肘護肋。繼續操練，換左足在前，左右同式。

【要點】

(1)手拍擊時要三尖對正，前手翻腕，猶如敵人手在前方，手有向下壓及向前穿之勢。

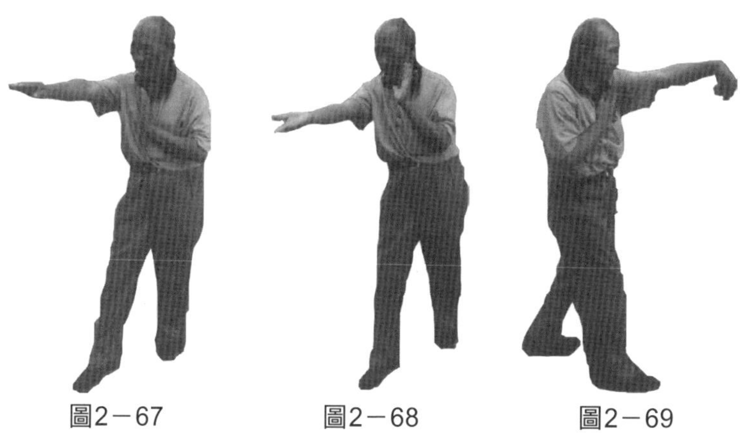

圖2－67　　圖2－68　　圖2－69

(2)手向前拍時，用背向前搓扣。

(3)前手畫圈及後手向前拍擊時，著力點在一處。前手拍擊前，不准撤回再出擊後手，即拍出之手原地翻掌，同時後手掌去拍擊。

【功用】

(1)練習掌的推、擊、拍、撲之力。手在前畫圈為制敵人之來手，向前拍擊為用以攻敵。

(2)拍掌主要用以攻擊敵人頭面部。

5. 穿掌

(1)同「摔掌」預備式。

(2)由預備式，右足向前，站成「四六步」樁。

(3)承上式，雙手掌心向下置胸前，右手掌心向下向前穿擊，高度與頭齊，五指向前，微扣指；同時，左肘貼肋，左手護心（圖2－70）。

(4)承上式，左手從右小臂下向前穿出，同前式掌心向下，五指向前，手指微扣；同時，右手從左手手背上摟回，肘貼右肋，手心向下護心（圖2－71）。

(5)兩手一穿一撤，循環操練，換步左右同式。

【要點】

(1)手向前穿，以背送手，手向前穿三成勁，手向回摟刨七成勁。手臂自然彎曲，不要打直，手指微扣。

(2)手向前向後均是用意，忌用拙力。眼看到遠處，意念手已達到遠處。手往回摟刨有鬆掉之勢，不要用心力。手往前往後全是以脊背帶動手臂，鍛鍊日久則登之於足，由足而胯、腰、背，勁達於手指。

【功用】鍛鍊腕的挺力和手指的戳力。出手為穿、鑽、探、按，回手為摟、刨、擄、帶。

6. 挺掌

(1)同「摔掌」預備式。

(2)由預備式，站成「四六步」樁或虛實步樁，右足在前。

圖2－70　　圖2－71

(3)承上式，兩肘貼肋。右手在上，手指衝前；左手在後，手指指向前方，雙手掌心均向下（圖2－72）。

(4)承上式，左手向前水平穿出，手指向前，微向右偏；同時，右手從左手背上摟回，肘貼肋，前手高與心口平（圖2－73）。

(5)承上式，右手向前水平穿擊，同前式，手指微向左偏；同時，左手從右手前上摟回，肘貼肋，高與心口平（圖2－74）。換步左右同式。

【要點】

(1)向前穿擊之手微偏是擊打位置的要求，其擊打位置是敵人的章門穴，手用腰往前探、按。

(2)手向前穿擊三成勁，手向回摟刨七成勁，但不要用拙力，用意不用力。

(3)以背帶動雙臂動作。手擊出時拔頂抗項，前手借回手摟刨之力勢，前後手為一整勁。

圖2－72　圖2－73　圖2－74

【功用】鍛鍊手腕挺力，掌握出手位置準確，擊點為敵人肋下章門穴。

7. 撞掌

(1)同「摔掌」預備式。

(2)由預備式，站成「四六步」樁，右足在前。

(3)承上式，雙肘貼肋，左手立掌，掌心向外，手指向上，手掌微扣，手指微屈，右手掌心向前，手指向下，掌微扣，手指微屈，雙手掌心相對置於腹前（圖2－75）。

(4)承上式，左手掌向前水平擊出；同時，右手向後撤，掌勢不變（圖2－76）。

(5)承上式，雙手翻腕，變為左手掌心向前，手指向下；右手掌心向前，手指向上，立掌（圖2－77）。

(6)承上式，右手掌向前水平擊出；同時，左手撤回，兩手腕相擦而過。換步練，左右同式。

【要點】

(1)手向前擊，其力集中於掌根部，回手則用掌背腕

圖2－75

圖2－76

圖2－77

部往回掛，雙手一前一後為一個整勁。

(2)兩手動作均以背帶手操練，以雙手腕相擦加大出手力度，頭頂項挺。

【功用】鍛鍊手發推、摧、闖、撞勁，回手抽、撤、掛、帶勁。

8. 列門掌

(1)同「捽掌」預備式，右足在前，站成虛實步樁。

(2)雙手臂屈肘貼肋，右手在前，手指向前方，掌心向左；左手在右手上邊，掌心向右，手指向右前方（圖2－78）。

(3)承上式，右手由左向前上方向左穿，掌隨即變為掌心向上，穿到右前方後微向下壓；同時，左手在右臂上摟刨撤回，肘護肋、手護心，掌心向下，五指向右（圖2－79）。

(4)承上式，左手手心向下，從右臂下從右向左前方穿到左邊，翻掌掌心向上，手指向前方，手掌有向下壓之

圖2－78

圖2－79

勢；同時，右手撤回即護肋，掌心向左（圖2－80）。換步操練，左右同式。

【要點】以背帶動手向前穿，向外列時六指挺勁。

【功用】鍛鍊出手的穿、擢、挺、列勁，回手的抽、撤、纏、捋勁。

9. 撩陰掌

(1)同「摔掌」預備式，站成「四六步」樁，右足在前。

(2)右手掌向前上方撩，指尖向前，掌心向上，高與臍平；在右手前撩的同時，左手摟右手腕部，以助其勢，然後屈肘胸前護肋，掌心向下，五指向前（圖2－81）。

(3)承上式，左手同上式向前撩；右手翻掌向左腕部摟回，手置胯前，肘貼小腹（圖2－82）。換步操練，左右同式。

【要點】

(1)出手要正，三尖（手尖、足尖、鼻尖）對正。手向前撩三成勁，手向回摟七成勁，不要用拙力。

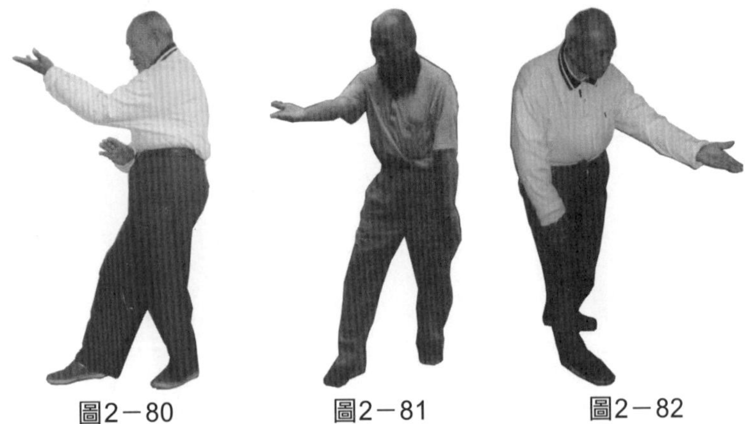

圖2－80　圖2－81　圖2－82

(2)以腰胯背力帶動手臂，練習日久則胯力、足下蹬之力與腰背同時動作，打出全身整勁。

(3)手在何處，就從何處向前撩，不准手向後蓄力再往前撩。手撩出後有向上再往回的一個小圈，即為掏摟之勢。

【功用】鍛鍊手向前的撩、刨、搜、掏勁，回手的摟、刨、擄、帶勁，養成原地發手習慣。

10. 列心掌

(1)同「捽掌」預備式，站成「四六步」樁，右足在前。

(2)由預備式，右足向前一步，雙手肘貼肋，雙手腕挨在一起，右掌向前，手指向下，左手掌向前，手指向上（圖2－83）。

(3)承上式，左手掌慢慢向前打；同時，右手掌微向後撤（圖2－84）。左手打出後雙手掌同時翻轉，前手變為手指向下、掌心向前，後手變為手指向上、掌心向前。

(4)承上式，右手同上式向前打，左手隨打出速度同時撤回到胸前（圖2－85）。換步左足在前，左右同式。

圖2－83

圖2－84

圖2－85

【要點】

(1)雙手向前向後為一個整勁，動作要慢，以背推動手掌往前打及往後撤。

(2)手向後撤時，意念用手掛著重物，用意往回拉。

(3)雙手同時翻腕而且掐著勁，不得由於改變手勢而勁有鬆懈。

【功用】鍛鍊暗勁及撞、抽、撤、擄、帶的整勁。前手擊敵胸腹部，後手化解敵來手。

11. 列門拍掌

(1)同「捽掌」預備式，站成「四六步」樁，右足在前。

(2)由預備式，右手掌心向下，手指向前，往前穿出，穿到前邊時翻掌向後列；左手同時屈肘貼肋，掌心向右前方，隨右手掌翻轉之勢變為掌心向下（圖2－86）。

(3)承上式，左手從右臂下向前穿出，掌心向上，五指向前，手向左列；右手同時撤回，立肘護肋，掌心向外，五指向上（圖2－87）。

(4)承上式，右手向前方左手處拍擊，隨即變成勾手，左手同時撤回攏胸護肋（圖2－88）。換步左足在前練，左右同式。

【要點】拍掌時用背向前搓扣，出手要在中線上。

【功用】鍛鍊手的穿、擢、挺、列、拍、撲、搓、扣力。

12. 振掌

(1)同「捽掌」預備式，站成虛實步樁，右足在前。

(2)由預備式，雙肘貼肋，右手在上在前，掌心向裡，左手掌心向外（圖2－89）。

(3)承上式，右臂向前伸向上前方，高過頭頂，掌心向下，手指微屈，翻腕向前下方捩，在右手翻腕的同時右足向前進一步（圖2－90）。

(4)承上式，右手撤回肘貼肋，手心向下，手指向前。同時，右足撤回原地；左手同上式向前穿捩，左足向前進一步（圖2－91）。左右同式。

圖2－86　圖2－87　圖2－88
圖2－89　圖2－90　圖2－91

【要點】手向前捩有向外向下之勢。以探背向前送手臂，前手向回撤時用腰向後提步，手捩部位為敵人面額。前手向前捩時，後手同時挺手指，捩出全身整勁。

【功用】鍛鍊手的挺、捩、按勁，擊敵面額部使其頭偏歪、身向後傾仰。

13. 猴搧掌

(1)同前捽掌預備式，站「四六步」樁或虛實步樁，右足在前。

(2)由預備式，右手掌向左前方撩，手掌向上微斜，手指向前，大指向上；在右手向前撩的同時，左手掌向身後反撩，掌心向後，手指向下（圖2－92）。

【要點】雙手前後撩同時動作，是一個整勁，用腰背力量帶動雙手臂。

【功用】活動肩、臂、腰、背，用於擊敵肋部。

14. 迷魂掌

(1)同前「捽掌」預備式，站成「四六步」樁或虛實步樁，右足在前。

(2)由預備式，雙臂屈肘貼肋，右手在前，左手在後，雙手均鬆握拳，高與心口平。

(3)承上式，右手經身前向上向左作刨手，然後變成勾手，屈肘貼肋；左手與

圖2－92

右手相同，向右作刨手，然後屈肘貼肋（圖2－93）。

(4)承上式，右手向前拽掌，手指向上，高與眼眉齊（圖2－94）。

循環操練，換步左右同式。

【要點】刨手拽掌連續擊出，速度要快，皆以脊背帶動雙手動作。

【功用】刨手為化開敵人來攻之手，不論敵人手出未出，以刨手作為自身上部防護；拽掌擊敵人面部。鍛鍊脊、背、肩、肘、腕。

15. 追魂掌

(1)同前「捽掌」預備式，站「四六步」樁或虛實步樁，右足在前。

(2)由預備式，右手向身前上方作捽掌，手指高與鼻齊，掌心向上（圖2－95）。

(3)承上式，在右手作捽掌的同時，左手屈肘置於右小臂下，掌心向下，手指向右。

圖2－93

圖2－94

圖2－95

(4)承上式，右手變為掌心向下，往懷中作摟手，屈肘貼肋掌心向下；同時，左手向前穿擊，高不過咽喉（圖2－96）。

(5)承上式，右手中拳前擊，高與心口平；同時，左手從右手上摟回（圖2－97）。換步操練，左右同式。

【要點】

(1)摔掌、穿掌、中拳連續發出，皆用脊背帶動雙手動作。出擊回撤為一個整勁，一氣呵成。

(2)出手要快，突出中拳力度，頭頂項挺。

【功用】摔掌擊敵人鼻部，穿掌擊敵人頦下天突穴，中拳打敵人心口中脘穴。

16. 轉環撩陰掌

(1)同前「摔掌」預備式，站虛實步樁，右足在前。

(2)右手抬起，高與心口平，翻腕掌心向前，手指向下，往懷中摟掛；同時，左手手心向前，手指向上，掌向前擊（圖2－98）。

圖2－96

圖2－97

圖2－98

(3)承上式，右手向下伸，從襠部向前撩；左手立掌在右手向前撩時，肘臂向後撤以助前撩之勢（圖2－99）。

(4)換左足在前，左右同式。

【要點】掌前打回掛前撩連續動作，一氣呵成，速度要快。撩掌由鬆握拳變掌，以加強其撩擊力度。手掌向前撩須用腰背力量。

【功用】手向回掛控制敵人來手，借勢另一手向前擊，撩掌為擊打敵襠內睾丸。

17. 風捲落葉

(1)同前「摔掌」預備式，站虛實步樁，右足在前。

(2)由預備式，右手抬起從左乳旁反腕向前摔擊，高與鼻平，隨即落下屈肘貼肋變成勾手，勾尖向下護心；在右手向前摔擊的同時，左手小臂微屈肘，向前下劈（圖2－100）。

(3)承上式，右手向前經左乳向上作側摔掌，掌心向左，大拇指向上（圖2－101）。換步操練，左右同步。

圖2－99

圖2－100

圖2－101

【要點】

(1)摔掌用腕力向前抖摔，手向下劈，隨劈握拳。第二次摔掌，用背力向前抖腕。

(2)連續出擊，一氣呵氣。

【功用】第一次摔掌迎擊敵人來攻之手，拳下劈擊敵小臂根部。第二次摔掌擊敵人太陽穴。活動脊、背、肩、肘、腕。

18. 正面劈摔

(1)同前「摔掌」預備式，站虛實步樁，右足在前。

(2)右手作勾手，從胸前由左往懷中勾刨，勾背向前，勾尖向下（圖2－102）。

(3)承上式，左手臂抬起，用小臂由左向前下劈；隨即右手向前正面作摔掌，掌背向前，手心向上（圖2－103）。換步操練，左右同式。

【要點】勾手、劈手、摔掌皆以脊背帶動操練。

圖2－102

圖2－103

【功用】

(1)勾手截敵人來攻之手，拳下劈斷其根，捽掌擊其面部。

(2)活動肩、肘、腕，鍛鍊手的捽擊力度。

19. 橫捩掌

(1)同前「捽掌」預備式，站虛實步樁，右足在前。

(2)右手握拳由右向左橫拔；同時，左手揚起，從右手臂下向前上方挑掛（圖2－104）。

(3)承上式，右手隨即下落腹前，順勢向前下方橫捩，掌心向下，手指向左（圖2－105）。換步操練，左右同式。

【要點】橫肘有向左向自身方向滾動之勢。手向上挑掛微向左方向。打捩掌的同時，另一隻手屈肘護肋。一手向下，一手向上，是個整勁。雙手掌同時張開，以增加捩掌力度。

圖2－104

圖2－105

【功用】橫肘截擊敵人來攻之手，挑掛順勢控制其來手，橫捩掌擊敵肋部。

20. 過掌封喉

(1)同前「摔掌」預備式，站虛實步樁，右足在前。

(2)右手由左向前畫半圓，作採手，虎口向前，掌心向下；同時，左手向前劈（圖2－106）。

(3)承上式，右手掌心向下，食指中指向前穿擊，高與口平；同時，左手屈肘護肋（圖2－107）。

【要點】手的動作皆以背力帶動，手前穿時探背鬆肩。

【功用】採手格化敵人來攻之手，拳下劈敵小臂根部，使敵驚恐遲疑，穿擊敵人咽喉天突穴。

21. 雙合掌

(1)同前「摔掌」預備式，站虛實步樁，右足在前。

(2)由預備式，右手向前作引手，手心向上，手指向前，高與眉齊；在右手作引手的同時，左手摟刨右小臂，

圖2－106

圖2－107

然後屈肘胸前，手置右臂下方，手指向右，掌心向下（圖2－108）。

(3)承上式，雙手向左右分開，雙掌向前推，掌心向前，手指斜向前方，雙臂微屈，大臂垂直（圖2－109）。換步操練，左右同式。

【要點】

(1)雙手向左右分向前推，頭頂項挺。手左右分用背力，雙手向前推背向後崩，命門向後凸。

(2)手左右分向前推，前足落實地，背後崩，命門向後凸，各項動作同時發生，為一個整勁。

【功用】

(1)鍛鍊脊背、肩、肘、腕、膝、足，全身整體發勁。

(2)手左右分化敵人來攻之手，雙掌向前推擊敵華蓋穴。

22. 蛇形掌

(1)同前「摔掌」預備式，站虛實步樁，右足在前。

圖2－108

圖2－109

(2)右手向身前作引手，掌心向上，手指向前；左手屈肘貼肋，手心向下，五指向右（圖2－110）。

(3)承上式，左手掌從右手臂下向前穿，隨穿掌心向上，手指向前，掌向懷中方向往回掛，手指微向下；同時，右手撤回，屈肘貼肋，掌心向前，手指斜向前（圖2－111）。

(4)右手向前穿，左手回撤，均與上式相同。換步操練，左右同式。

【要點】手向前穿後撤，皆以背帶動，前擊後撤為一個整勁。

【功用】

(1)手掌向前穿，隨敵人來手纏繞滾進，撤回之手掌控制敵手，然後用掌前擊。

(2)鍛鍊以脊背帶動雙手發勁，練雙手臂抽撤、前擊、鑽、翻、滾功力。

圖2－110

圖2－111

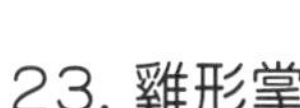

23. 雞形掌

(1)同前「捽掌」預備式，站虛實步樁，右足在前。

(2)由預備式，右手作勾手提起，高與眉齊；同時，左手摟右小臂以助其勢，屈肘貼肋（圖2－112）。

(3)承上式，右手五指張開，向前擊打；同時，左手碰右臂扶助（圖2－113）。左右同式。

【要點】

(1)手掌前擊方向為前下方，掌在勾手向前擊時張開，手似爪形，五指屈扣。

(2)掌向前擊，拔頂抗項，脊骨向上挺。

【功用】手上提格敵人來手，或先發手提手擊敵人下頦，爪形手指擊敵人胸腹。鍛鍊手指戳擊功力，活動肩、肘、腕、手指。

24. 拓掌

(1)同前「捽掌」預備式，站虛實步樁，右足在前。

圖2－112

圖2－113

(2)由預備式，右手向身前作提手式，高與眉齊，勾背向上；在右手向上提的同時，左手摟刨右小臂補助其勢，然後屈肘護肋，掌心向前，手指向上（圖2－114）。

(3)承上式，右手向前拓擊，手心向前，手指向上；同時，左手屈肘護肋（圖2－115）。左右同式。

【要點】

(1)手掌向前拓，著力點為掌根部。在右手拓擊的同時，左手掌同時張開，兩手為一個整勁。

(2)手向前拓，鬆腰、沉胯、頭項、項挺，足踏實地，脊背後崩。

【功用】手向上提擊敵人下頦，拓掌擊敵華蓋，鍛鍊周身整體發勁。

25. 抹眉掌

(1)同前「摔掌」預備式，站虛實步樁，右足在前。

(2)右手屈肘胸前，手心向下。

(3)承上式，左手自右臂上向左前方橫抹，高與肩

圖2－114

圖2－115

平，隨向前抹掌向外翻；同時，右手回收，屈肘與肩平

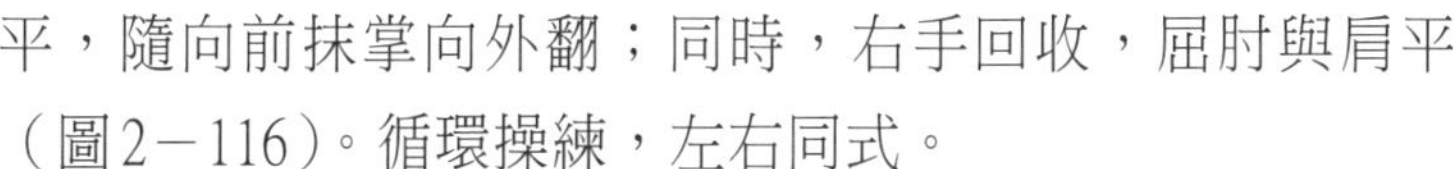

（圖2－116）。循環操練，左右同式。

【要點】兩手臂如拉弓，前後一個整勁。

【功用】抹敵額部，使其向後傾倒。如遇敵硬挺則掌先轉動，彼勁便泄去。

第七節　拳式練法（8種）

1. 中拳

(1)預備式。立正姿勢，頭正身直，平心靜氣，二目平視，雙臂自然下垂，精神集中。

(2)由預備式，雙臂屈肘貼肋，左手在下在前，右手在上在後，雙臂置胸前，站成「四六步」樁，右足在前（圖2－117）。

(3)承上式，前手握拳向前水平擊出，手打出後成拳，然後張開（圖2－118）。

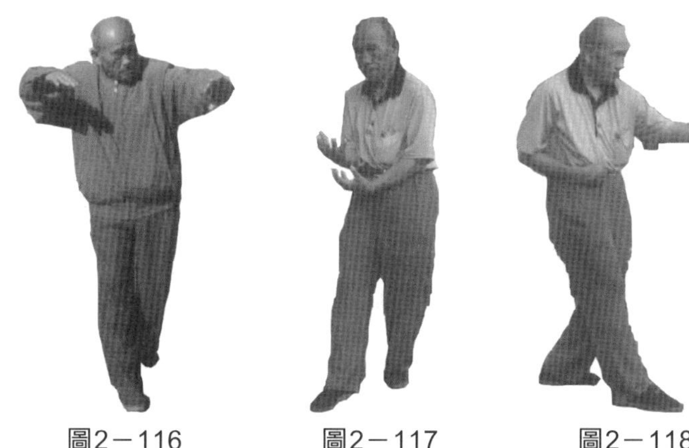

圖2－116　圖2－117　圖2－118

(4)承上式，後手握拳由前手手腕下水平擊出，打出後成拳，然後張開；同時，前手撤回，肘貼肋（圖2－119）。循環連續操練，換步左右同式。

【要點】

(1)前後手拳擊一個地方，手到終點成拳，雙手同時握拳，同時張開。雙手由拳張開，同時背鬆弛。

(2)前手回撤，後手出擊，雙手經腕上擦過，以助其勢。

(3)前手擊出用三成勁，回手七成勁，但忌用拙力。用意不用力，以背力催動手臂。

(4)手臂要曲中求直，不要故意伸長手臂，避免斷勁。

【功用】鍛鍊手的鑽、崩、刺、冷、急、脆的勁法。

2. 橫拳

(1)同「中拳」預備式，右足在前，站成「四六步」樁。

(2)由預備式，雙臂屈肘貼肋，雙手握拳，拳背向外（圖2－120）。

圖2－119

圖2－120

(3)承上式，右手握拳，拳背向外，從左向上向右衝擊，高與眉齊，拳到右額旁為半圓路線；同時，左手向下就勢沉肘，以助右手之勢（圖2－121）。

(4)承上式，左手握拳，照上式從右向左向上擊到左額旁；同時，右手從左手內側撤回，屈肘護肋，姿勢同前式（圖2－122）。換步左足在前，左右同式。

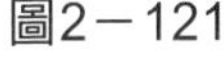
圖2－121

圖2－122

【要點】

(1)以背帶動雙臂動作，小臂成橫向格化敵人來手之勢。

(2)拳打到預定位置時緊握拳，雙手必須同時握拳，而後同時張開。

【功用】以小臂橫向化開敵人來手。

3. 衝拳

(1)同「中拳」預備式，右足在前，站成「四六步」樁。

(2)雙臂屈肘貼肋，右手在前略高，雙手掌心向上，五指微屈（圖2－123）。

(3)承上式，左手成拳向上衝擊，高過頭頂；右手同時握拳向回撤，手背向下，虎口向右前方（圖2－124）。拳擊出後，雙手同時握拳，然後雙手拳同時張開。

(4)承上式，右手從左手背外向上衝擊，左手同時向回撤，屈肘護肋，下撤之手背貼衝上之手從脈腕部擦過（圖2－125）。

【要點】

(1)手握拳向上打用三成勁，向下撤七成勁，手皆以背帶動，忌用拙力。

(2)拳鬆握勿攥緊，打到終點時成拳，雙手同時握拳、同時張開。

【功用】正面攻擊對方下頦頭面部，回手摟刨敵人下麵來手。借下撤之勢，增大上衝之力。

圖2－123　圖2－124　圖2－125

4. 崩拳

(1)同「中拳」預備式，右足在前，站成「四六步」樁。

(2)由預備式，左右手手指微屈扣攏，拳背向下屈肘貼肋，右手在前（圖2－126）。

(3)承上式，左手握拳向前水平擊出，拳出有向上崩之勢；同時，右拳回撤肘貼肋，兩手虎口向前，拳背向下（圖2－127）。

(4)承上式，拳擊出後手即張開，右手同上式從左小臂下向前崩擊；同時，左手背從右手脈門部位緊擦撤回，屈肘貼肋（圖2－128）。換左足在前，左右同式。

【要點】

(1)雙手臂以背帶動，手回撤勁大。

(2)前手成拳的一瞬間有向上崩之勢，勁的焦點在手腕脈門部，前後手有拉弓之勢。

圖2－126

圖2－127

圖2－128

(3)兩手同時成拳同時張開，拳崩擊時拔頂抗項。

【功用】鍛鍊雙臂崩、擊、鑽之勁。

5. 單手穿掌中拳

(1)同「中拳」預備式，右足在前，站成虛實步樁。

(2)由預備式，雙臂屈肘貼肋，右手微向前，雙手掌心向下，五指向前（圖2－129）。

(3)承上式，右足足掌點地，隨足掌向回一收，左手向前穿出，掌心向下，手指向前，高與頭齊；右手就勢往回撤，肘貼肋，手護心，前後手一條線（圖2－130）。

(4)承上式，右手握拳向前水平擊出；同時，左手從右小臂上摟回，手心向下肘貼肋。隨右拳前擊右足向前進半步（圖2－131）。換左足在前，左右同式。

【要點】向前穿掌要探背鬆肩，中拳打出要沉腰坐胯，用腰背力，前後手是拉弓勁。

【功用】鍛鍊以腰、胯、背發出全身整勁，前手穿擊敵人面部，中拳打敵人中脘穴。

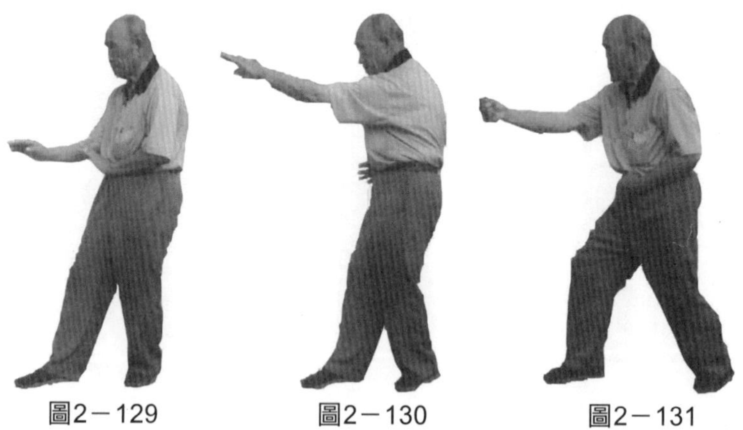

圖2－129　圖2－130　圖2－131

6. 撇拳

(1)同「中拳」預備式，站成虛實步樁，右足在前。

(2)由預備式，右手鬆握拳，向左前上方長腰上送，拳到左上方時，左手補助右小臂（圖2－132）。

(3)承上式，手臂自然往下落，雙手臂落至左右胯外側，手心向內，雙臂鬆垂。換左足在前，左手拳同右手姿勢，向右上方撇拳（圖2－133）。

【要點】手臂向上要用腰背往上送，手臂要鬆，不可用力。在手臂下落時，鬆腰鬆胯，使手臂自然掉落下來，猶如重物自由落下之勢。

【功用】鍛鍊鬆空勁法。拳擊點為海底穴。

7. 碾腳法中拳

(1)同「中拳」預備式。

(2)由預備式，兩足左右分開站立，兩足相距同肩寬。雙手掌張開，手指微扣，掌心向裡相對，屈肘胸前，右臂離開肘略靠前，高與心口平（圖2－134）。

圖2－132

圖2－133

圖2－134

(3)承上式，以兩前足掌為軸，身形向右轉45°，左足踏實，右足懸起，足掌著地。借身形扭轉之勢，左手握拳向右前方水平擊出，中拳高與心口平；右手同時向後撤，肘貼肋上，手護心，拳打出後雙手同時握拳，然後同時張開（圖2－135）。

(4)承上式，以兩足足掌為軸，同上式身形向左轉90°，右手同前式握拳擊出，左手拳撤回，肘貼肋，手護心（圖2－136）。

【要點】

(1)拳鬆握如鷹爪，打出後雙手同時成拳。

(2)拳向前打三成功，後撤之拳七成勁，拳打出時足踏實地。

(3)拳擊出時鬆腰、鬆胯，借沉腰、胯和足蹬之勢打出整勁。

【功用】鍛鍊身形變化靈活、側面防守攻敵及打出中

圖2－135

圖2－136

拳整勁。

8. 鷹翻中拳

(1)同「中拳」預備式。

(2)由預備式，右足向前一步，再向回一提，足尖向外撇。左手屈肘握拳，右手臂屈肘貼肋（圖2－137）。

(3)承上式，以前足掌為軸（左足離地）向右後方轉身，左手拳從自己心口處隨身形向後方擊出。左足落地（圖2－138）。換步練，左右同式。

【要點】

(1)身形向後轉動須提背，用背將身形提起來。

(2)拳對自己心口，轉身形以後，目標是對後方來敵的心胸部出擊。

(3)拳隨轉身出擊，有向上擰鑽之勢。

【功用】

與敵交手，擊打後面來襲之敵，鍛鍊身法轉動靈活。

圖2－137

圖2－138

第八節　站樁單操練法（51種）

1. 斬手

(1)預備式。立正姿勢，頭正身直，雙臂自然下垂，平心靜氣，精神集中，呼吸自然，二目向前平視。

(2)由預備式，右足前進一步，站成虛實步樁或「四六步」樁。

(3)承上式，右手拳心向上，手指微屈，手向正前方上衝擊出，高過頭頂；同時，左手摟右小臂補助，再屈肘腹前，掌心向下（圖2－139）。

(4)承上式，右手手背向下劈砸，手劈到下邊時即成拳；在右手成拳的同時，左手掌心沖上，原地握拳，雙手隨即張開（圖2－140）。繼續練左手同上式，換右足在前。

【要點】肩如鑄，用背力，提脊，抗項頭頂，拳向下有往回摟之意念。

【功用】截擊對方來手。

圖2－139

圖2－140

2. 劈山（蛇形手）

(1)同「斬手」預備式。

(2)由預備式，右足向前一步，站成虛實步樁。

(3)承上式，右手手指微捲，掌心向內，右手向上穿，高過頭頂，隨向上穿而向外翻滾，變為掌心向前，五指向上；在右手向上穿的同時，左手屈肘胸前，手指卷起向下翻轉至腹前，變為掌心向下（圖2－141）。

(4)承上式，右手成拳（第一尖拳）向下劈至右腿根裡側，隨下劈之勢小臂向裡滾轉，待手劈至胯裡側時手即成拳；在右手向下劈的同時，左手向上擦右小臂，以助其勢，隨即屈肘貼胸護肋，左手變為立掌，掌心向右（圖2－142）。換步練，左右同式。

【要點】出手要三尖對正（手尖、鼻尖、足尖）。在手向上穿時，手臂向外翻滾，神意集中向上；手下劈時，探背鬆肩，提脊，拔頂，抗項。

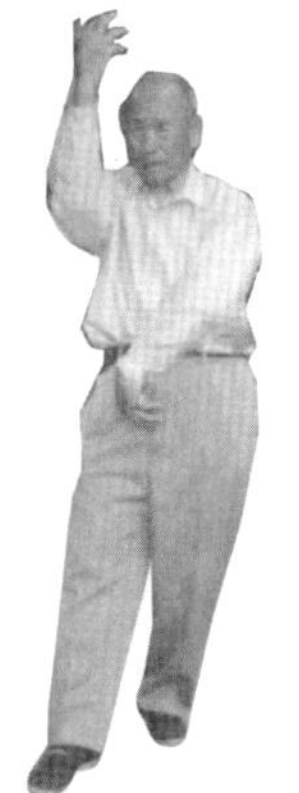

圖2－141

圖2－142

【功用】手向上向外翻滾動作為化敵人來手。鍛鍊劈、擂、掉、搠整勁及手的滾鑽柔化方法。

3. 劈山炮

(1)同「斬手」預備式。右足在前站成「四六步」樁或虛實步樁。

(2)由預備式，右手臂向上舉，高過頭頂，手心向前；左手臂同時俯掌護襠，掌心向下（圖2－143）。

(3)承上式，右手臂自右上方斜向左下方落下；同時，左手屈肘置右肩窩下（圖2－144），手心向內；右手臂自左下方起，以肩運臂，向右上方畫一大圓圈，落至右胯外側；同時，左手順胸前落下，至左胯外側（圖2－145）。換步練，左右同式。

【要點】手臂掄起畫圈時須柔軟，手臂如鞭如繩，不可著絲毫力量。屈肘胸前時，臂、肘、腕均須貼於身上，不可離開，不可著力，以腰、胯力掄臂。

圖2－143

圖2－144

圖2－145

【功用】練習雙臂上揚下抽之力，活動肩背，屈肘胸前為保護自身。

4. 連環劈山（蛇形手）

(1)同「斬手」預備式，站成「四六步」樁，右足在前。

(2)由預備式，右手手指微捲攏，掌心向內，手向上穿高過頭頂，手隨向上穿向外翻滾，變為掌心向前；在右手上穿的同時，左手臂屈肘胸前，手指捲攏，手指向下翻滾至腹前，變為掌心向下，指尖向右（圖2－146）。

(3)承上式，右手成拳向下劈，劈下後隨即向左側掄轉反背向外；在右手下劈的同時，左手攏胸（圖2－147）。在右手掄轉反背向外時，左手變為掌向外向右前方探掌穿摟，高過頭頂（圖2－148）。

(4)承上式，右手返回右側，握拳向前劈下，劈至右胯裡聯；在右手下劈的同時，左手臂屈肘攏胸護肋（圖2－149）。換左足在前操練，左右同式。

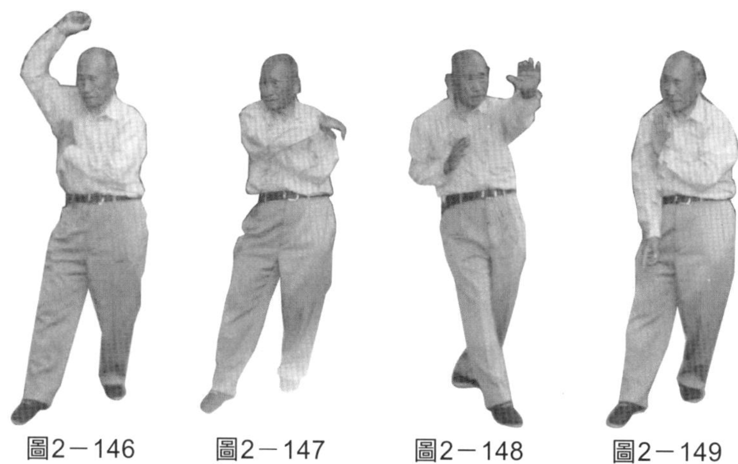

圖2－146　圖2－147　圖2－148　圖2－149

【要點】

(1)手臂上舉下劈均要三尖（手尖、足尖、鼻尖）對正，以腰背帶動手臂動作。拳下劈要提脊、頭頂、項挺。

(2)向前穿掌要探背鬆肩。手上舉下劈時，另一手補助摟刨小臂，以助其勢。

【功用】練習雙臂上揚下抽之勁，活動肩背。

5. 劈搧

(1)同「斬手」預備式。

(2)預備式站成「四六步」樁，右足在前。

(3)右手臂從前上方向左胯根部劈下；同時，左手臂補助右小臂屈肘攏胸，手指貼右肩窩下（圖2－150）。

(4)承上式，左手臂同上式，從前上方劈至右胯根部，掌心向上，手指微屈；同時，右臂屈肘護胸同上式（圖2－151）。

【要點】從前上方左右搧劈時，手臂隨劈而向裡翻

圖2－150

圖2－151

圖2－152

滾。手臂落下後，肘尖要對肚臍部位。手臂掄劈忌用拙力，手臂要如鞭如繩，以背掄臂。

【功用】活動肩、肘、臂，鍛鍊掄、抽、劈、搧之勁。

6. 大搧（直搧）

(1)同「斬手」預備式。

(2)由預備式，雙足左右分開站立，兩足相距二尺許，全身放鬆（圖2－152）。

(3)承上式，以腰帶動上身及雙手臂向右傾，雙手臂落在右胯外側（圖2－153）。

(4)承上式，同上式，上身及雙臂向左傾，雙手臂落在左胯外側（圖2－154）。

【要點】全身放鬆，雙臂左右掄須以腰背帶動上身，雙臂要自然起落。

【功用】鍛鍊腰、背靈活，鍛鍊雙臂掄、抽之勁。

圖2－153

圖2－154

7. 劈山雙反背

(1)同「斬手」預備式。

(2)由預備式，站成「四六步」樁，右足在前。

(3)承上式，右手掌心斜向左前方，向上舉，高過頭頂，右肘對鼻尖；同時，左手右小臂補助，手置腹前，掌心向下（圖2－155）。

(4)承上式，右手隨向下劈成拳；在右手下劈的同時，左手攏胸護肋（圖2－156）。

(5)承上式，右手劈下後，手反背向上，左右手小臂搭在一起，雙手掌心向內，高過頭頂（圖2－157）。

(6)承上式，雙臂同時分別落至左右胯外側，掌心向外。在雙臂下落時，胯微向下沉（圖2－158）。換步左足在前，左右同式。

【要點】

(1)出手要在中線上，三尖（手尖、足尖、鼻尖）對正。

圖2－155　圖2－156　圖2－157　圖2－158

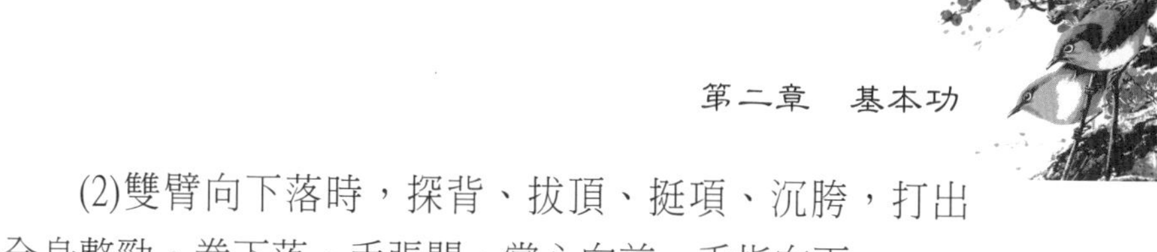

(2)雙臂向下落時，探背、拔頂、挺項、沉胯，打出全身整勁。拳下落，手張開，掌心向前，手指向下。

【功用】活動腰、背、胯、肩、臂，鍛鍊全身整體發勁。

8. 虎撲

(1)同「斬手」預備式。

(2)由預備式站成「四六式」樁，右足在前。

(3)承上式，雙臂抬起屈肘，小臂向上直立，掌心向前，手指微扣，十指鬆開（圖2－159）。

(4)承上式，雙臂向前方再向下刨摟，雙手臂走一弧形，分別落在左右胯前（圖2－160）。

(5)換左足在前操練，左右同式。

【要點】

(1)雙臂起落均以背帶動，探背鬆肩。

(2)在雙手下落時肘不用力，使其自然下落。雙手臂落下時，有向懷內摟刨之勢。

圖2－159

圖2－160

【功用】活動腰、背、肩、肘、腕、臂，鍛鍊摟、刨、擄、帶之勁。雙手臂撲擊位置為敵人雙肩肩井穴。鍛鍊背、肩、臂、手的整體撲踏力。

9. 鎖手

(1)同「斬手」預備式。右足前進一步，站成「四六步」樁或虛實步樁。

(2)承上式，雙臂分左右同時向上揚起，高過頭頂，雙小臂搭在一起，左右手鬆握拳，右手心向內，左手心向外，雙小臂相搭時相互擦碰一下（圖2－161）。

(3)承上式，右手向左，左手向右，雙手臂落於腹前，雙肘貼肋（圖2－162）。換左足在前操練，左右同式。

【要點】雙臂以背帶動。在雙臂搭十字向下落時，有向懷中攏帶之勢。

【功用】活動肩、背、臂、肘，用以截敵來手。

10. 四平炮

(1)同「斬手」預備式。左足向前一步，站成「四六

圖2－161

圖2－162

步」樁。

(2)承上式，雙臂屈肘握拳，置左右肋下，拳背均向下，虎口向前（圖2－163）。

(3)承上式，左手臂向右上方崩擊，高過頭頂；同時，右手臂向左前方水平擊出，高與心口平，雙手虎口相對（圖2－164）。

(4)承上式，雙臂撤回，恢復原式（圖2－165）。換右足在前操練，左右同式。

【要點】

(1)雙手向前崩擊，隨向外打手臂向外翻滾，二目注視雙手。

(2)在手擊出之前，腰微縮以蓄其勢。手打出時長腰背，以腰背送雙手臂。

(3)上邊之手向外翻滾，下邊手向前擰鑽。

【功用】鍛鍊雙臂崩擊力，用腰背發勁，上手化解敵人來手，下手攻擊敵人心窩穴。

圖2－163

圖2－164

圖2－165

11. 連環圈手

(1)同「斬手」預備式。右足向前一步，站成虛實步樁。足掌著地，足跟微懸，膝微屈。

(2)承上式，揚手。右臂自左向右、自上而下畫一圓圈至右胯，屈肘向後，手置肋下，手心向內（圖2－166）。

(3)承上式，搭摟。左臂自左下至右上畫一半圓，屈肘腹前，手心向內（圖2－167）。

(4)承上式，穿手。右手自肋下上移至胸前正中，向前直伸，手心向上（圖2－168）。再繼續練左手向外揚右手搭摟，左手穿，同上式（圖2－168）。換左足在前，左右同式。

【要點】

(1)此項動作係連環運動。如第一式第三動，右手穿出後，左手即自右臂下外揚作揚手，右臂收回作搭摟。再左手穿出，週而復始，連續操練。

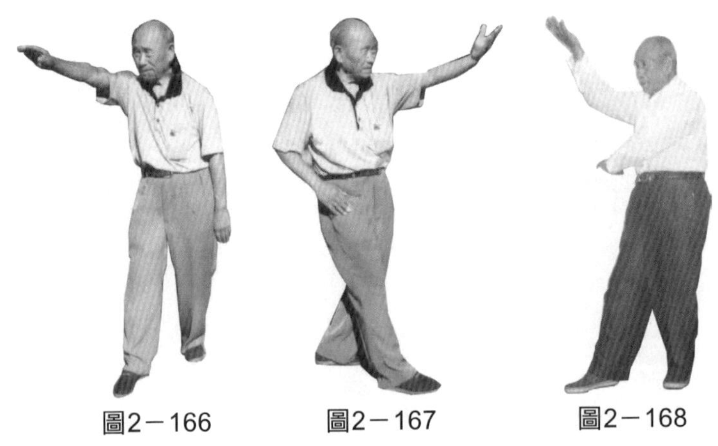

圖2－166　圖2－167　圖2－168

(2)以背帶動雙臂，肘要往裡，肘尖對鼻尖。

【功用】使肩、肘、腕靈活。揚手為格對方上邊來手，搭摟則拒對方中平來手，穿手為擊對方面部。

12. 半圈手

(1)同「斬手」預備式。右足向前一步，站成「四六步」樁。

(2)承上式，右臂向左前上方摟刨，掌心向左，五指微扣，手落左胯根部；同時左手掌心向內，向前上方用手背摔擊（圖2－169）。

(3)左手翻掌，掌心向下落在左胯裡聯（圖2－170）。

(4)換左足在前，左臂摟刨，右手向前摔擊，均同上式。

【要點】摟手用背往前扔手，手向前摔擊亦用背往外扔手抖手腕，手下落使其自然鬆掉。

【功用】活動肩、肘、腕。摟刨以破對方來手，摔掌擊打對方面部。

圖2－169

圖2－170

13. 金雞抖翎

(1)同「斬手」預備式。

(2)由預備式，右足前進一步，站成「四六步」樁。雙臂下垂，置左右胯旁（圖2－171）。

(3)承上式，雙臂同時向上揚起，雙小臂相搭，雙手手背均向後（圖2－172）。

(4)承上式，雙臂左右分開，分別落在左右胯外側，雙手落下變掌（圖2－173）。

(5)換左足在前，左右同式。

【要點】用背力帶動手臂，雙手臂下落要鬆肩，使雙臂自由下落。

【功用】活動肩、臂、背。雙臂左右分，為格開對方來手。

14. 掉肘

(1)同「斬手」預備式。

圖2－171　圖2－172　圖2－173

(2)由預備式，右足在前，站成「四六步」或「虛實步」樁。

(3)承上式，右手橫肘向上作提手，手形似勾手，手腕鬆開，手指尖朝下，高過頭頂；同時，手臂屈肘貼肋，手心向下（圖2－174）。

(4)承上式，左臂橫肘從右臂裡側向上作提手，手形同上式；同時，右手橫肘從外面落下，手置左胯根部，手心向下（圖2－175）。換左足在前繼續練，左右同式。

【要點】手向上提用背往上送手，其意念在勾背上。手下落使其自然鬆掉，下落勁大。

【功用】活動背、肩、肘、腕。手上提擊對方下頦部，手下落摟刨對方來手。

15. 吼獅發威

(1)同「斬手」預備式。

(2)由預備式，右足在前，站成「四六步」樁。雙臂下垂，手心向後，手指向下（圖2－176）。

圖2－174

圖2－175

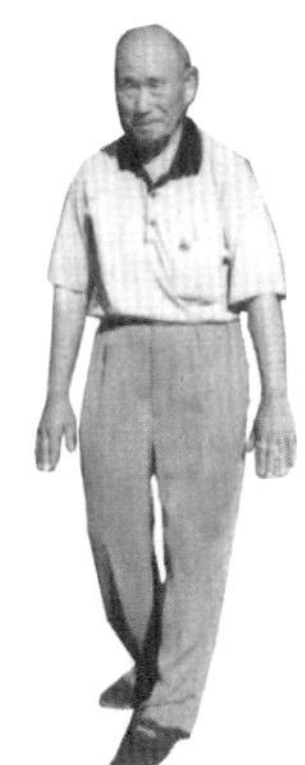

圖2－176

(3)承上式，右臂向前掄起，由右向前向左水平畫一圓圈（圖2－177）；同時，左手同右手，由左向前向右水平畫一圓圈。左右手臂高與眉齊，手心均向下。

圖2－177

換左足在前繼續練，左右同式。

【要點】

(1)雙手臂畫圈以背帶動，全身放鬆，吸胸背崩。

(2)雙臂不要用力，氣沉丹田，呼吸自然。此式每次操練動數不宜過多。

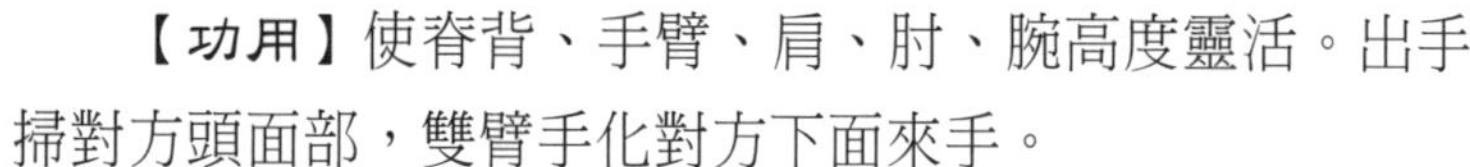
【功用】使脊背、手臂、肩、肘、腕高度靈活。出手掃對方頭面部，雙臂手化對方下面來手。

16. 悠蕩錘

(1)同「斬手」預備式。

(2)由預備式，站成「弓箭步」樁，身形半向左站立，前足足尖向裡扣，後足裡合，前後成一條直線，屈膝坐胯。兩臂下垂，二目平視，左手背貼在左胯裡側（圖2－178）。

(3)承上式，右手從胯向後揚起，屈肘向上，手鬆握拳，拳面朝上，拳眼與耳相對，右手拳隨手臂向下向前左上方悠蕩擊出，拳擊出時，拳面朝前，拳眼朝上，高與頭平；拳擊出時左手攏胸（圖2－179）。

(4)承上式，右手隨手臂向下向後再轉為向上，撤回原處（圖2－180）。如此循環操練，換左步在前，左右同式。

圖2－178

圖2－179

圖2－180

【要點】

(1)動作開合與呼吸互相配合，出手要鬆軟慢柔和，發勁要剛直冷脆。前後悠蕩經過路線為一弧形。發勁時曲中求直，蓄而後發。手撤回時為吸氣，意念要放鬆，外形開展。手發出之時由丹田向外呼氣，手擊到終點時四肢挺勁拳握緊。呼吸要逐漸自然結合。

(2)手臂上下起落要緊貼胸腹，方向要準，勁要穩狠。

(3)利用開合的特點，配合呼吸，吸者為開，周身放鬆；呼者為合，合則勁發。全身整勁，一氣貫通。

【功用】鍛鍊頭的頂力、腰的挺力、背的奪力、肩的催力、肘的送力、腕的挺力、拳的握力、腿的崩力、足的蹬力，全身的力成為一個整勁。

17. 砸定式

(1)同「斬手」預備式。

(2)由預備式，左腿向前一步，足尖微向外撇，站穩不動（圖2－181）。

(3)承上式，右腿由後向前進一步，足踏實地，屈膝前拱，後腿坐胯。同時，右手上舉，高過頭頂（圖2－182）。

(4)承上式，右手成拳向前下方劈砸，拳面朝前，掌背貼於右胯裡側，拳眼衝上；同時，左手由胯向上，虎口碰撞右胸前，掌心朝右，指尖向上（圖2－183）。

(5)左足不動，提右腿向後退一步，變為左腿屈膝，右腿坐胯。同時，左手落至胯旁，由後方向上向前向下方劈砸，隨勢成拳，拳面朝前，拳背貼於左胯裡側；同時，右手拳變掌，以虎口碰撞左胸前，掌心向左，指尖向上，二目向前平視。一進一退連續操練，換步左右同式（圖2－184）。

圖2－181　圖2－182　圖2－183　圖2－184

【要點】

(1)向前進步時，足要抬得低，退步時足抬略高，即拳術中所謂「低進高退」之意。前進後退成一直線，不得左右偏斜。

(2)拳向下劈砸時，由掌逐漸變拳。

(3)操手時要求鬆腰坐胯，氣往下沉，身正腰挺，頭頂足蹬，用腰脊的抖力向四肢送勁，達於手足。配合呼吸，抬手時吸氣，向下劈砸時呼氣。外操開合的勁，內練心神意氣，內外相合，劈砸的力與蹬踩的力結合成一個整勁。

【功用】此式久練，功純氣足，使肌肉發展，身強力壯。鍛鍊劈、砸整勁，活動肩、肘、腕、胯、膝、足。

18. 穿手

(1)同「斬手」預備式。右足前進一步，站為「四六步」樁。

(2)右手從腹前向前穿（微向上），五指併攏，由原掌心向下隨向前穿變為掌心向上，手指向前；同時，左手肘貼肋，手護心（圖2－185）。

(3)承上式，左手從右小臂下同上式向前穿；右手同時，撤回，肘貼肋，手護心，掌心向下，手指向前（圖2－186）。繼續操練，再穿右手，換左足

圖2－185

在前。左右同式。

圖2－186

【要點】

(1)手向前穿以背帶手，隨向前穿隨翻手腕，手貼前手小臂向前穿。練習日久功深，用足蹬帶動臂手。

(2)手向前穿有向上鑽翻之勢，用意忌用拙力。

【功用】鍛鍊手臂、肩、肘、腕靈活。與敵交手，控制敵手，練進身化手之技巧。

19. 單提手

(1)同「斬手」預備式，右足在前，站成「四六步」樁。

(2)右手作勾手狀，向前上方作提手，高與肩平；同時，左手摟刨右小臂以助其勢，然後左手置於左胯外側，手心向後，作勾手狀（圖2－187）。

圖2－187

(3)承上式，左手同上式向前上方作提手，高與肩平；同時，右手由勾手變掌，以掌摟刨左小臂以助其勢，然後置於右胯外側，仍作勾手狀，勾背向前方（圖2－188）。換左足在前繼續操練，左右同式。

【要點】手向上提，是足蹬和腰胯背力，將手提起其意在勾背上。向上提手為三成勁，摟刨為七成勁，主

要是意念，非是用拙力。

【功用】鍛鍊腰、胯及肩、肘、腕、手臂靈活。勾手背向上，擊對方下頦或截敵來手臂。

20. 刨手

(1)同「斬手」預備式，站成「四六步」樁。

(2)右足向前，雙臂屈肘貼肋，手作勾手形狀（圖2－189）。

(3)承上式，右手從右向前上方再向左向右下方摟刨，高與眉齊，然後回到原處右肋旁（圖2－190）。

(4)左手同上式，從左向前上方再向右向左下方摟刨，高與眉齊，然後回到原式（圖2－191）。換左足在前，左右同式。

【要點】手向下摟刨以背帶動手臂動作，用手腕向下摟刨。

【功用】活動背、肩、肘、腕，鍛鍊摟刨、帶力。主要用於化解敵人來手。

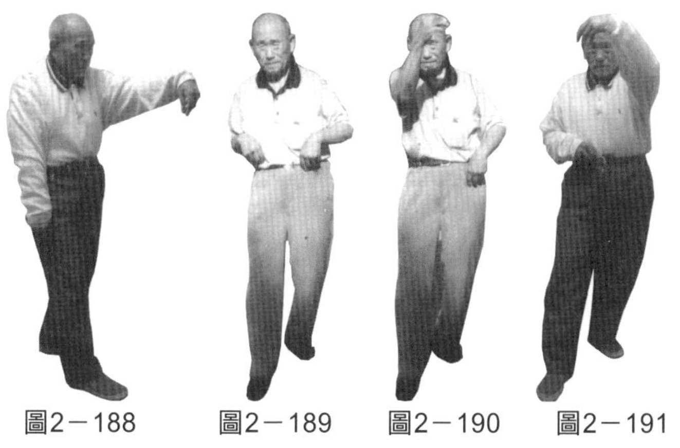

圖2－188　圖2－189　圖2－190　圖2－191

21. 霸王敬酒

(1)同「斬手」預備式。右足向前一步，站成「四六步」樁。

(2)承上式，右手伸臂在前，左臂屈肘在後，右手掌心向左，左手掌心向右（圖2－192）。

(3)承上式，雙手臂從右向前向左水平畫圈，然後屈肘落在胯根部（圖2－193）。

(4)承上式，右手掌心向上，左手掌心向下，雙手同時，向前上方擊出，右手在前上方高與眉齊，左手在後在下高與心口平，雙手虎口張開，相距約二尺左右（圖2－194）。換左足在前操練，左右同式。

【要點】

(1)雙臂同時，動作。當第一式雙手臂落下時，借勢向前擊出，不得有間歇。

(2)以腰背力帶動雙臂向前送手，向前擊時腰微伸。

圖2－192

圖2－193

圖2－194

【功用】鍛鍊腰、背、臂靈活。前手擊敵人頸部，下手攻敵腹部，雙臂畫圈化敵來手。

22. 大鵬展翅

(1)同「斬手」預備式。由預備式，站成虛實步樁，右足在前。

(2)承上式，雙臂從右向前上方再向左掄起，高與眉齊，掌心向下，雙掌分別落在左右胯前（圖2－195）。

(3)雙手立掌向前直推，掌心向前，手指向上，高與肩平，然後分別落於左右胯前（圖2－196）。換左足在前操練，左右同式。

【要點】

(1)雙臂掄起及雙掌向前推均用腰背力。

(2)在雙手下落時，借下落之勢，立即推出雙掌。

【功用】

(1)鍛鍊拍、擊及推、撞力，活動手臂、腰、背、肩、肘、腕。

圖2－195

圖2－196

(2)雙手臂下落截擊對方來手，雙掌前撞擊敵胸部。

23. 白虎洗臉

(1)同「斬手」預備式。右足向前一步，站成虛實步樁。

(2)承上式，雙手臂屈肘貼肋，右手在上，小臂立起，手指微屈，掌心均向裡，虎口向上（圖2－197）。

(3)承上式，右手向左上方貼面門往下摟刨，摟至小腹前，肘貼肋，掌心向下（圖2－198）。

(4)承上式，左手同上式，向右上方貼面門往下摟刨，摟至小腹前，掌心向下。換步左足在前操練，左右同式。

【要點】

(1)雙手掌放鬆，手形似掌非掌似拳非拳，肩背放鬆。以背動帶動雙手臂，循環連續動作。

(2)手摟刨高度為眼眉以下，肘要向裡掩。

圖2－197

圖2－198

【功用】活動肩、背、臂手腕，鍛鍊摟刨力，化解對方上部來手。

24. 群捉

(1)同「斬手」預備式。

(2)右足向前一步，站成「四六步」樁，右手臂前伸，左手屈肘握拳貼肋（圖2－199）。

(3)承上式，右手立掌，以穿掌式向左前方畫圈，手提向前下方，畫一個斜立圈；同時，左手鬆握拳肘貼肋，手置心口旁，借前手畫圈之勢，以腰背帶動左臂肘向下向後再向上畫一立圈（圖2－200）。

(4)換左足在前，左手立掌，以穿掌式向前方畫圈，右手鬆握拳肘貼肋畫圈，均同上式。

【要點】

(1)前後手臂畫圈，完全是腰背帶動手臂動作。

(2)後手始終要貼肋，前後手同時，動作。

圖2－199

圖2－200

【功用】活動腰、背、肩、肘，鍛鍊腰背協調配合發勁。前手化對方來手，後手蓄勢待發。

25. 搖身膀欹

(1)同「斬手」預備式。

(2)由預備式，右足向前一步，站成「四六步」樁，雙臂自然下垂。

(3)承上式，右手鬆握拳，拳眼向上；左手掌心向下，五指向右，雙手置胯前（圖2－201）。

(4)承上式，右手向前上方掄轉一周，握拳向前崩擊，拳面朝前，拳眼向上；在右手揚起時，左手橫掌，手指向右，掌心向前，橫掌向前擊（圖2－202）。在右手向前崩擊的同時，左手撤回摟拍右小臂，以助其勢（圖2－203）。

【要點】

(1)手臂向上揚，身勢微向後傾，以身法帶動雙手動作。

圖2－201　圖2－202　圖2－203

(2)橫掌向前擊，要探背往前續力。

(3)拳往上崩，腰胯微鬆沉，拔頂抗項。

(4)在前手撤回補助小臂的同時，前擊之手握拳。

【功用】活動腰、背、胯、肩、肘、腕，鍛鍊衝、崩、擢、挑、穿、抹之力。第一式手臂上揚挑擢對方上身，橫掌抹對方眉額，崩拳擊對方腹部。

26. 胯打

(1)同「斬手」預備式。右足向前一步，站成虛實步樁。

(2)承上式，右手臂向前平伸，高與眉平，手心向左，手指向前；左臂屈肘貼肋，手心向右，手指向前，高與心口平（圖2－204）。

(3)承上式，胯向下沉，隨蹲膝坐胯向下雙手握拳，拳心衝上，拳眼向前（圖2－205）。

(4)繼續練，雙手變掌，掌心向下，雙臂向上提，高與肩平，身形向上，恢復原式。

圖2－204

圖2－205

雙手向下翻腕變拳同上式，沉胯雙臂向下，循環操練。

【要點】

(1)身要正，氣下沉，呼吸自然。胯向下為呼氣，起身為吸氣，但不要強呼吸。

(2)胯下沉全身要放鬆，雙臂不動，以沉胯身形向下帶動雙手臂。

【功用】活動胯、膝，鍛鍊沉胯，全身整勁由沉胯發出。敵人來手較低，故突然沉胯，手借胯力使敵傾

27. 中平吊帶

(1)同「斬手」預備式。右足向前一步，後腿微屈，站成虛實步樁。

(2)承上式，左臂向前平伸，掌心向下，高與肩平；右臂屈肘貼肋，掌心向上（圖2－206）。

(3)承上式，右手水平向前穿，高與心口平；左手同時翻腕變為掌心向上並往回撤，雙手掌心相貼後，一前一後，右手向前穿，左手屈肘貼肋，掌心向上（圖2－207）。

(4)承上式，左手向前穿，右手撤回屈肘護肋（圖2－208）。換左足在前操練，左右同式。

【要點】

(1)手向前穿與後撤時，雙膝隨勢前弓屈膝，不可固執。雙手向前擊穿為一條線。

(2)手的動作與腰胯微起伏要協調一致。手向前用背力，手回撤與向前是一個整勁。手向前是意念往前蓄勁，雙手手指微挺。

圖2－206

圖2－207

圖2－208

【功用】

(1)活動腰、背、肩、胛、骨、手腕、膝、胯，五臟也相應得到活動，對人身健康大有裨益。

(2)前手出擊敵人腹部中脘穴，後手回撤帶動對方來手，以加大前手擊出力度。

(3)鍛鍊摟、刨、擄、帶功力。

28. 提手吊帶

(1)同「斬手」預備式。左足向前一步，站成「四六步」樁。

(2)承上式，右臂向前平伸，作勾手式，高與肩平；左手臂屈肘，置左肩前，亦作勾手式（圖2－209）。

(3)承上式，雙手變掌，右手掌心向上，左手掌心向下，右手往回撤，左手同時，向前穿，兩手掌相交，掌心相摸（圖2－210）。左手穿到前方，變為勾手；右手撤到右肩前，變為勾手，屈肘高與肩平（圖2－211）。

圖2－209　　圖2－210　　圖2－211

(4)承上式，繼續練右手掌心向下向前穿擊，左手變為掌心向上撤回。連續操練，換右足在前，左右同式。

【要點】

(1)手向前穿擊及手向後撤時，雙手向下沉，高與肚臍平。雙掌相交後，即緩緩升高前後手。

(2)雙手臂不要用力，以背帶動手臂動作。隨手向前穿向後撤，上下起落，則腰胯亦隨之起伏，膝微屈，前後手為一整勁。

【功用】運動肩、肘、腕、胛骨，活動膝、腰、胯，內部臟腑亦得到活動。前手勾手上提擊對方下頦，後手前穿擊對方胸部。

29. 雙提手

(1)同「斬手」預備式。

(2)由預備式，右足向前一步，站成「四六步」樁，雙手作勾手狀（圖2－212）。

(3)承上式，雙手臂同時，向前上方作提手，勾手背向上，高與眉平（圖2－213）。

(4)承上式，雙手同時，變掌，掌心向下，落於左右胯外聯，掌心向後（圖2－214）。

(5)繼續操練，再雙手同時，向上提，同前式。換步左足在前，左右同式。

【要點】

(1)雙手向上提，同時，命門向後（外）凸時，意念在雙手勾背上。

(2)雙手同時，下落時，鬆腰、鬆胯、鬆肩，使其自然下落。手向上時足下蹬，雙手臂起落如鞭如繩。

【功用】活動肩、肘、腕、腰、膝。雙手勾手上提擊對方下頦，雙手下落摟、刨對方下面來手。

30. 猴閃

(1)同「斬手」預備式。右足或左足向前一步，站成虛實步樁，前足足掌點地。

圖2－212

圖2－213

圖2－214

(2)承上式，左手在前，右手在後，雙手臂高與肩平，掌心向下，左手掌手指向前，右手指斜向左前方（圖2－215）。

(3)承上式，雙手臂從左向右水平往懷內摟攏，右肘貼肋，左小臂貼左肋，雙手掌心仍向下，左手手指微向右斜。在雙手臂向懷中摟攏時，前足向後收，足掌擦地，足跟提起，同時，背向上提（圖2－216）。換步練左右同式。

【要點】

(1)雙手向懷中摟攏，完全用脊背即以提背帶回雙手臂。脊背向上提，同時，帶動前足向後撤，上下是一個整勁。

(2)勿低頭，頸微後挺，腹微吸凹，提背手回摟為吸氣。

【功用】活動脊、背、胯、膝，化解對方來手。

31. 烘臉照鏡

(1)同「斬手」預備式。右足向前一步，站成「四六步」樁。

圖2－215

圖2－216

圖2－217

圖2－218

圖2－219

(2)承上式，雙手分別從左右向前，相互合拍，高與眉齊（圖2－217）。

(3)承上式，雙手臂下落，雙手肘貼胸護肋，雙手掌相合立掌如拜佛式（圖2－218）。

(4)承上式，雙手掌分開同時，向前拍擊後，掌心向前，手指向上，高與眉齊（圖2－219）。換左足在前操練，左右同式。

【要點】第一式雙手合拍，用背力帶動雙手，合拍後隨即墜肘。第二式手指微扣一下再張開。

【功用】活動肩、肘、腕。第一式擊敵人雙耳部位，第二式防護自身，第三式擊敵胸或面部。

32. 白猿探爪

(1)同「斬手」預備式。右足向前一步，站成「四六步」樁。

(2)承上式，雙臂屈肘胸前，掌心向下，右手在前

（圖2－220）。

(3)承上式，左手向前上方再向下撲摟，高過頭頂；右手同時，向回抽撤，屈肘貼肋，手心向下，手指向下（圖2－221）。

(4)右手同上式向前撲摟，高過頭頂；同時，左手撤回，屈肘貼肋，手心向下，手指向前（圖2－222）。換左足在前操練，左右同式。

【要點】

(1)用背送手臂向前，手向下撲摟時，手指微屈扣，向下撲時有向裡摟之勢。

(2)向前穿之手掌與撤回後手的手背、手心相擦碰，以助向前穿手之勢。

【功用】活動背、肩、肘、腕，鍛鍊手的穿、摟、刨、帶之勁法。出手擊點對方頭面部。

33. 雙勒帶

(1)同「斬手」預備式。右足向前進一步，站成「四六步」樁。

(2)承上式，雙臂屈肘，兩小臂平伸，掌心向前，手指向上，手指後挺，雙手相距四寸左右（圖2－223）。

(3)承上式，雙手同時，向前，手指向上微屈，掌心仍向前，雙手相距同前（圖2－224）。

(4)承上式，雙手水準往回抽撤，雙肘貼肋，手指向下，掌心仍向前（圖2－225）。

(5)雙手翻腕變為手指向上，掌心仍向前，肘貼肋手指屈扣，同（2）式。

(6)承上式，雙手同第一式向前平伸，掌心向前，手指向上。繼續換步練，左右同式。

【要點】雙手向回撤，猶如手指掛著重物。雙手臂抽撤時，頭上頂項後挺。

【功用】活動肩、肘、腕，鍛鍊雙臂抽、撤、掛、帶之勁法。雙手臂抽撤化解對方來手。

圖2－220 　　圖2－221 　　圖2－222

圖2－223 　　圖2－224 　　圖2－225

34. 單貫耳

(1)同「斬手」預備式。右足向前一步，站成虛實步樁。

(2)承上式，右手向前撩，高與眉齊，掌心向上，手指向前；左手屈肘手置右臂內側，掌心向右，手指向上（圖2－226）。

(3)承上式，左手從右臂下從右向前穿，掌心向上，手指向前；同時，右手撤回腹前（圖2－227）。

(4)承上式，右手從右向左上方掄起，成拳翻腕向左擊出，拳背向左，拳眼朝下，高與眉齊；左手同時，補助右小臂，以助其勢（圖2－228）。

【要點】翻腕拳擊要鬆握拳，打到終點拳一緊掐。

【功用】活動肩、肘、腕，鍛鍊穿、鑽、翻、滾手法。拳擊點為對方頭部顳需頁穴或耳根穴。

35. 雲手

(1)同「斬手」預備式。右足向前一步，站成「四六

圖2－226

圖2－227

圖2－228

步」樁。

(2)承上式，左手臂屈肘胸前，手心向下，手指向右；右手臂向前伸，掌心向下，手指向左（圖2－229）。

(3)承上式，左手在下，從右向前向左再向後畫一圓圈，高與肩平；同時，右手在上從右向前向左水平畫一圓圈（圖2－330）。雙手臂都從右向左，再都從左向右，循環操練。

(4)換右手在下左手在上，操法相同。也可雙手相反方向操練。換左足在前，左右同式。

【要點】雙手臂放鬆，徐徐操動，式子逐漸開展。下身不可固執，隨勢微動。

【功用】活動肩、肘、腕，鍛鍊雙臂揚、拔勁法，鍛鍊順勢化手。

36. 趕手

(1)同「斬手」預備式。

圖2－229

圖2－230

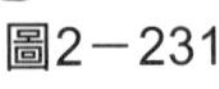

圖2－231

圖2－232

(2)由預備式，右足向前一步，雙臂下垂，掌心向下，手指微屈扣向前（圖2－231）。

(3)承上式，左手以背帶動，向上向後再向前畫一圓圈（圖2－232）。

(4)循環操練。操左手時右手掌心向下，五指向前，手指微扣張開，意念向下按。換步操右手，左右同式。

【要點】手掌畫圈，腰胯不可固執，隨勢微動。頭要上頂，頸要後挺，手向前趕如同搓著東西，手往後似掛著東西。操右手時左手掌掐著勁有向下按之意，保持全身整勁。

【功用】活動肩、肘、腕、腰、胯。手往回撤掛帶對方來手，手向前穿擊對方軟肋。

37. 丟手

(1)同「斬手」預備式。右足向前一步，站成「四六步」樁。

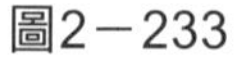

圖2－233

圖2－234

(2)承上式，左手屈肘腹前，右手掌心向內，手指微屈，向前上方丟，掌背向外，高與眉齊（圖2－233），打出後即落於腹前，屈肘貼肋。

(3)承上式，左手同上式向前上方丟手，高與眉齊（圖2－234）。雙手連續操練，換左足在前，左右同式。

【要點】手向外丟，用脊背向外扔手，手腕向外抖。

【功用】活動肩、肘、腕，鍛鍊手腕抖擊力度。擊打部位為對方頭面部。

38. 揚手

(1)同「斬手」預備式。右足向前一步，站成「四六步」樁。

(2)承上式，右手臂向前平伸，手心向左，高與肩平；左手屈肘胸前，掌心向下，手指斜向右（圖2－235）。

(3)承上式，右手上下左右畫圈；左手同時屈肘，掌心向右，從右小臂上向左相反方向畫圈（圖2－236）。

圖2－235

圖2－236

(4)右手向右畫圈，左手向左畫圈，每畫一次圈，左手在右小臂上摟一次。

(5)換左足在前，左手在前畫圈右手補助，同上式。

【要點】左右畫圈以背帶動雙手臂，前手如掛著重物。初練圈大，隨練圈縮小。

【功用】活動腰、背、肩、肘。拔化對方來手。

39. 爽袖

(1)同「斬手」預備式。右足向前進一步，站成虛實步樁。

(2)承上式，右臂向前平伸，手指向前，手心向內，高與肩平，左手貼右臂（圖2－237）。

(3)承上式，右手掌向外翻，隨向外翻向前穿；左手隨勢向外，在右手向外翻穿的同時，順右臂上向前翻，畫一小圈（圖2－238）。

左右循環操練。換左足在前操練，左右同式。

圖2－237　　圖2－238

【要點】以背帶動雙臂翻掌，左右手同時，動作。

【功用】活動背、肩、肘。用手翻擊對方，以破其勢，著力點為對方來手。

40. 斜衝

(1)同「斬手」預備式。

(2)由預備式，右足向前一步，右手臂抬起，屈肘立臂，掌心向左，手指向上；左手臂屈肘貼肋，掌心向下，手指斜向上（圖2－239）。

(3)承上式，右足抬起向前墊步落實地，左足抬起。同時，右手下劈，身形隨下劈之勢向右側斜，往下沉腰坐胯；同時，左臂屈肘貼肋，借右手下劈之勢左手掌向上（圖2－240）。

(4)承上式，左足落實，右足抬起。右手臂隨身起之勢向上崩挑，高與頭平，同時，左手仍回原處（圖2－241）。

圖2－239　圖2－240　圖2－241

【要點】手向下劈或向上崩挑時，肩如鑄，皆以身法帶動手臂。劈崩都是全身整勁，勁起於足跟，發於腰背。向下劈一劈到地，向上挑其意無限遠，全身爆發整勁。

【功用】活動胯、膝、足、腰、背、肘、臂，鍛鍊劈、砸、崩、挑之力。擊點為對方頭部太陽穴，對方一躲則劈其肩井穴。正面攻擊為對方面部以下，向上崩挑對方胸部以上部位。

41. 仙人指路

(1)同「斬手」預備式。站「四六步」樁，右足在前。

(2)由預備式，右手手心向下，由右向左向前水平畫圈；左手同時手心向下，由右向左向前水平畫圈。右手從左小臂下向前穿擊，手心向下，高與眉齊；同時，左手屈肘護肋（圖2－242）。

【要點】雙手水平左右畫圈，意念手掛著東西。手向前穿用中指、食指，二指分開。兩手掌在前穿時同時，用

圖2－242

圖2－243

圖2－244

勁，以背向前送手。

【功用】

雙手畫圈化解敵人來手，防護自身，手指穿擊敵人雙目。活動肩、肘、腕、脊背。

42. 當場遞手

(1)同「斬手」預備式，立正姿勢。

(2)右手由身前從左向右畫一圈，回至肋下握拳；左手自左胯外起，向前作一搭摟手（圖2－243）。

(3)承上式，右拳貼身上舉至頦下，向前撞擊；左手屈肘胸前。同時，左腿提膝（圖2－244）。雙手下落，足踏實地，循環操練。

【要點】手向上撞擊時握拳，拳向上撞擊和提膝同時，動作。

【功用】搭摟手格化敵來手，拳上撞擊敵人下頦。活動胯、膝、足、手臂。

43. 白蛇吐信

(1)同「斬手」預備式，立正姿勢。

(2)右手於身前從左向右畫一圈，回至右肋下，左手自左胯外起作一搭摟手（同圖2－243）。

(3)承上式，右手自頦下向前平伸，手心向上。同時，左腿提膝。左手屈肘胸前（圖2－245）。

(4)雙手下落，足落實地，循環操練。

【要點】手前伸探背鬆肩，提膝與手前伸同時，動作。

【功用】搭摟化敵手，手前伸擊敵雙目。

44. 纏手撞錘

(1)同前「斬手」預備式，站虛實步樁，右足在前。

(2)由預備式，雙手在身前由左往右畫一圓圈，右臂屈肘肋旁，左臂屈肘腹前，雙手鬆握拳置右胯前，拳心均向下。

(3)承上式，雙拳自右方向左前方崩擊，雙臂平伸，拳眼相對向內，拳心向下（圖2－246）。

圖2－245

圖2－246

【要點】雙手臂畫圈及向前崩擊，要用腰背力量帶動。

【功用】

(1)活動腰、背、肩、肘、腕，鍛鍊全身整體發勁。

(2)雙臂畫圈化解敵人來攻之手，拳向前撞擊敵人左右肋部。

45. 推石入海

(1)同「斬手」預備式。站虛實步樁，右足在前。

(2)由預備式，雙手屈肘貼肋，手心向下，手指向前，在身前由左向右畫一圈。

(3)承上式，雙掌向左前方直推，兩手心向前，手指向上，高與眉齊（圖2－247）。

圖2－247

【要點】雙手臂畫圈以腰帶動。手向前推，背向後崩，猶如將重物掀起加以向前推搓之勢。

【功用】雙手畫圈化敵人來攻之手，雙掌向前推的目標在敵人肋部。

46. 栓馬式

(1)同「斬手」預備式。站「弓箭步」，右足在前。

(2)右手上提橫肘身前，掌心向下；左手屈肘身前向下按，掌心向下。

(3)承上式，兩手臂在身前同時，作纏絲狀，畫兩個橢圓形圈。右臂屈肘橫掌額前，離額約半尺許，指尖向左，手心向前；左手垂臂身前，伸掌下按，指尖向右，手心向下（圖2－248）。

【要點】右臂橫掌向上翻和左手向下按同時，動作，為一個整勁。手指下按有向前之勢。

【功用】活動雙臂。手臂向上翻格化敵人來攻之手，手向下按擊敵小腹。鍛鍊雙臂格架功力，鍛鍊以背帶手臂動作。

47. 纏腰橫

(1)同「斬手」預備式，立正姿勢。

(2)左手握拳向左上方橫肘作格架式，拳心向下。左足向左橫進一步。同時，右手握拳由右向左橫擊，拳心向上。右足向左足後倒一步成臥步（圖2－249）。

(3)承上式，右足向右橫進一步，同上式右手握拳，向右橫肘作格架式，拳心向下；左手握拳向右橫擊，拳心向上。左足向右足後倒一步成臥步（圖2－250）。

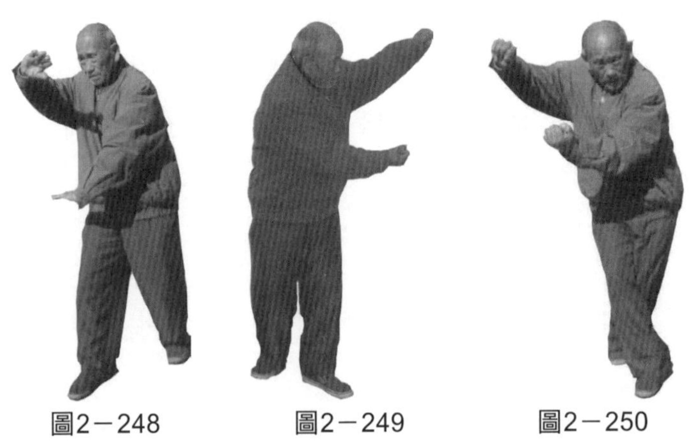

圖2－248　圖2－249　圖2－250

【要點】作格架式橫擊，雙手同時，握拳，以背帶動雙臂。雙手臂作格架式、橫擊、透步三項要同時，動作。

【功用】格架式格攔敵人上邊來手，截其臂根，橫擊敵人肋部。

48. 迎門三斬手

(1)同「斬手」預備式。站虛實步樁，右足在前。

(2)由預備式，右手從左乳前向前作橫摔掌；同時，左手屈肘貼肋。

(3)承上式，左手在身前由上向下作直摔掌；右手同時，撤回屈肘貼肋（圖2－251）。

(4)承上式，右手由胸前向前上方作側摔掌，掌背向右；左手撤回屈肘護肋。左腿提膝（圖2－252）。

【要點】

(1)三種摔掌形式不同，打不同位置。第一式抖腕橫摔，第二式用肘力向下摔，第三式用背力探背鬆肩抖腕側擊。

圖2－251

圖2－252

(2)三式連續動作，側捽掌與提膝同時，動作。

【功用】第一式擊敵手背，第二式擊敵脈門，第三式擊敵太陽穴。

49. 擄帶穿心炮

(1)同「斬手」預備式。站虛實步樁，右足在前。

(2)右手抬起，由左上方向右下方擄至右胯前（圖2－253）。

(3)承上式，左手作搭摟手，屈肘腹前。

(4)承上式，右手中拳向前打出（圖2－254）。

【要點】右手向下擄，手形如鷹爪。隨擄向下壓，以防敵手再抬起。

【功用】擄手搭摟破敵人來攻之手，中拳擊敵心窩穴。

50. 挑山掌中拳

(1)同「斬手」預備式。站虛實步樁，右足在前。

(2)由預備式，右手向身前抬起，高與眉齊，掌心向

圖2－253

圖2－254

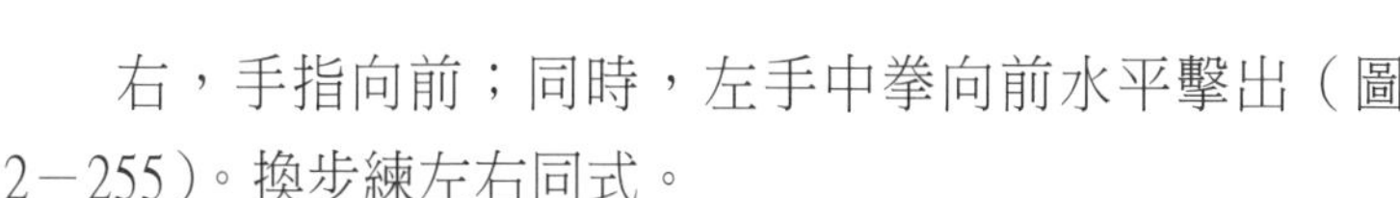

右，手指向前；同時，左手中拳向前水平擊出（圖2－255）。換步練左右同式。

【要點】手向前作挑掌，手臂向外擰翻，中拳向外擰鑽，雙手同時，動作。

【功用】挑掌格化敵人來攻之手，中拳擊其中脘穴。

51. 推窗望月

(1)同「斬手」預備式。站虛實步樁，右足在前。

(2)雙手屈肘交叉身前，左臂在上，右臂在下，手背相貼（圖2－256）。

(3)承上式，左腿向前一步。兩臂同時，向上舉，分左右各畫一圈，雙手掌向前平推，手心向前，手指向上（圖2－257）。

【要點】手向前推為平勁。手向前推頭頂項挺，背向後崩。

【功用】雙手臂左右畫圈，化解敵人來攻之手；雙手向前平推，著力點為敵人華蓋穴。

圖2－255

圖2－256

圖2－257

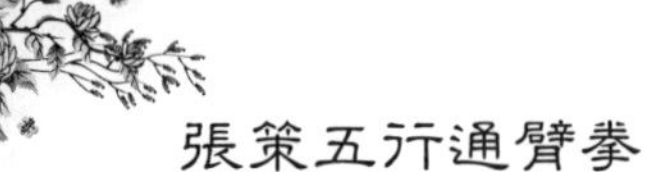

第三章　行步散手

通臂拳散手，是行進步各種步法單操的總稱，也稱為「行樁」。行樁是步法和式法的同時，操練，是一招一式，或幾個動作連續操練，即要幾個動作組合成一個散手式子。

第二章介紹了站樁基本功，一些單操法根練法。第三章各式加上各種步法，組成行步單式。

進步單式和站樁基本功一樣重要，必須用功操練，方能得到拳術奧妙與精華。鍛鍊的要點是閃展進退，躥蹦跳躍，起伏轉折，虛實變化，進招發勁的功夫，操練日久，則可達到身法快捷輕靈，變轉迅速，發招勁整。

第一節　步法操法（35種）

1. 進步

(1)預備式。立正姿勢站穩，身正腰直，空胸緊背，下頦回收，二目向前平視，氣往下沉，全身放鬆，呼吸自然，精神集中。

(2)由預備式，右足前進一步，足掌點地（圖3－1）。

(3)承上式，右足隨即落實墊半步。

(4)承上式，左足向前進一步，足掌點地虛步。步法姿勢同前式。

(5)繼續練墊左步進右步，換左足在前先練，左右同式。

【要點】上步要輕靈，身體重量大部分放在後腿上。

【功用】中門進身步法。

2. 墊步

(1)同前「進步」預備式。

(2)由預備式，左足向前進一步，進右步左步即為墊步，即是如欲進左步，先進右足半步，右步即為墊步。

【要點】墊步是根據進步的方向位置，調整步法。所以墊步的大小和方向，練時不宜拘束固定。

【功用】在進身攻擊敵人時，根據所站位置距離，調整進攻方向位置。

3. 猿猴倒行步

(1)同前「進步」預備式。

(2)由預備式，雙腿屈膝，雙手臂自然下垂（圖3－2）。

(3)承上式，左腿向後撤，足掌擦地，後足跟抬起，小碎步向後撤步（圖3－3）。左右同式。

【要點】向後撤步胯要掐住，身體不要左右搖擺，步要小，速度要快，氣下沉，兩目向前注視。

【功用】與敵交手後退步法。前足掌著地後足跟抬起離地，為的是身後有坑窪不平，或有障礙物，身體不至於傾倒。上身不要搖擺，為的是在撤退中能還擊對方。

圖3－1

圖3－2

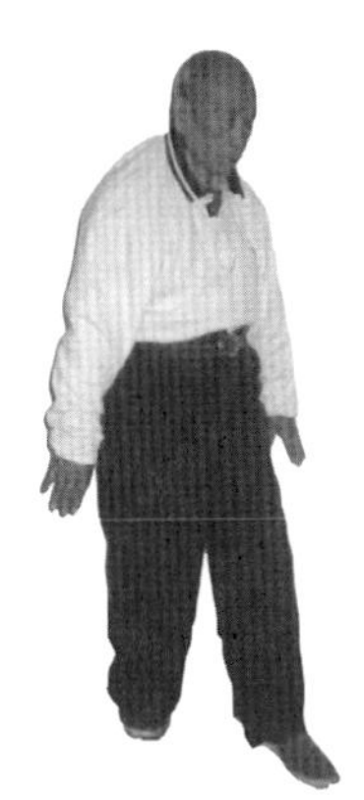
圖3－3

4. 貓行步

(1)同前「進步」預備式。

(2)由預備式，雙腿屈膝，身形矮下去。雙手臂向前平伸，掌心向前，手指向上，高與肩平，兩手相距四寸左右（圖3－4）。

(3)承上式，小碎步向前急行（圖3－5）。

圖3－4

圖3－5

【要點】

(1)兩手立掌猶如推著重物。

(2)鬆肩鬆腰，氣要下沉，空胸緊背，尾閭回收步要小，速度要快，用命門向前催動雙腿前進。

(3)上身不要晃動，掐住胯，意念向前。

【功用】與敵人交手，得勢後雙手向前推，用目往遠處看，使敵無機會化解變招。

5. 撤八門

(1)同前「進步」預備式。

(2)由預備式，雙臂自然下垂，兩目注視前方。右足從左足旁向右後方撤步，足掌著地，後足跟抬起，步撤後右足落實（圖3－6）。

(3)承上式，左足從右足旁向左後方撤步，足掌著地，畫一弧形然後落實（圖3－7）。繼續練左右同式。

【要點】步向後撤，足掌著地為虛步，步子儘量大些，步後撤上身不動，完全是胯膝足動作。

圖3－6

圖3－7

【功用】與敵交手向後退時，足掌著地後足跟離地，遇有坑坎不平或物體，防止跌倒。此步法也是遇敵交手時後退的步法之一。

6. 鶴行步

(1)同前「進步」預備式。

(2)由預備式，雙手臂屈肘貼肋，雙手屈指作提手（猶如仙鶴提腿收爪形狀）雙手高與心口平。左足提起，足尖微向下（圖3－8）。

(3)承上式，左足向左前方進一步。雙手同時變掌向下按，高與胯平，手指隨足落下之勢張開（圖3－9）。

(4)承上式，左足向左前方移動墊步。雙臂同上式屈肘胸前作提手式。右足抬起（圖3－10）。

接上式操練，右足向右前方進步，雙手同前式向下按。繼續操練，左右同式。

【要點】

(1)上步要提胯，落足先蹲腰坐胯，落步時足心慢慢

圖3－8

圖3－9

圖3－10

著地，手足有向前探按之意，手足起落開合如仙鶴提腿收爪，落足爪先著地之勢。

(2)提步為吸氣，落步為呼氣，落步時要頭頂項挺。

【功用】

(1)鍛鍊落胯與足合足踏實地，活動胯膝足，鍛鍊腰胯膝足同時，向下鬆沉，打出周身整勁。

(2)鍛鍊日久功深，內部氣血循環通順，一氣貫通。

7. 猛虎爬山步

(1)同前「進步」預備式。

(2)由預備式右足進步，足掌點地，左足跟進懸起（圖3－11）。

(3)承上式，左足原地落實，右足抬起（圖3－12）。

(4)承上式，右足原地落實，左足擦地向前踢（圖3－13）。

再進左步同式練法，先進左步練，左右同式。

圖3－11

圖3－12

圖3－13

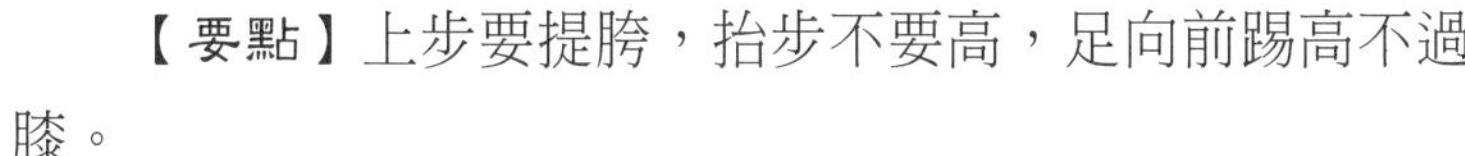

【要點】上步要提胯，抬步不要高，足向前踢高不過膝。

【功用】活動步法，足踢位置為對方小膝迎面骨，距地七寸左右位置。

8. 狗閃步

(1)同前「進步」預備式。

(2)由預備式，左足由右向左前方進一步，足尖向外撇（圖3－14）。

(3)承上式，身形向左轉90°，右足隨身形向左圈進一步（圖3－15）。

(4)承上式，左足向右足後拉撤一步，右足轉正（圖3－16）。

【要點】轉身進步與向後拉步動作要緊湊相連。換步先進右足，左右同式。

【功用】鍛鍊身法步法輕靈。轉身攻防後方敵手。

圖3－14　　圖3－15　　圖3－16

9. 雄雞上嶺步

(1)同前「進步」預備式。

(2)由預備式，右足抬起向前進一步。同時，雙手掌心向下，分左右畫圈配合，高與心口平（圖3－17）。

(3)承上式，身形向後撤，左足點地，隨身形向後，向前跟進右步。同時，雙手配合，雙手搭一起，隨進步手向前送，掌心向下，手指向前（圖3－18）。左足虛步跟進，足尖點地。繼續操練，左右同式。

【要點】進步要快，後足緊跟，後腿屈膝，身形在進步時要矮下，使身體重心下移。

【功用】活動步法，在通臂刀刀法式子中，為進步刺，突然點擊對方招式。

10. 鶴行直進步

(1)同前「進步」預備式。

(2)由預備式，右足抬起向前踢；同時，左腿屈膝。在右足上踢的同時，左手向前穿，掌心向下手指向前，高

圖3－17

圖3－18

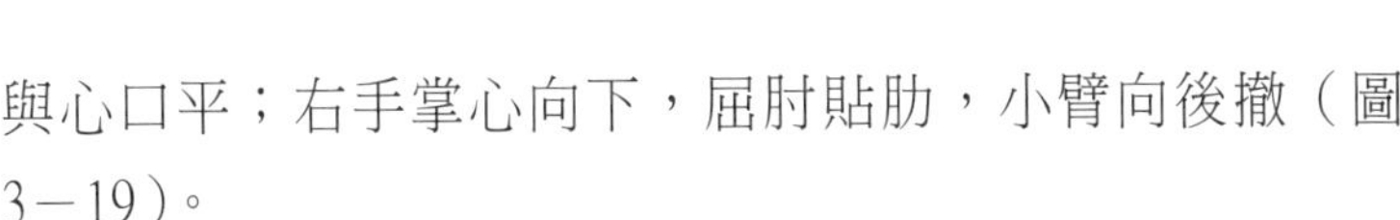

與心口平；右手掌心向下，屈肘貼肋，小臂向後撤（圖3－19）。

(3)承上式，右足落地，左足跟進一步，虛步足尖點地。在右足落地的同時，右手掌向前穿，左手掌撤回肋下（圖3－20）。

(4)繼續練，右足再抬起同上式操法，先進左足練，左右同式。

【要點】前足踢高不過膝，腳面要崩平，後足落地前足即踢出。

【功用】活動膝足。在與對方交手時，前足直踏中門，連進帶踢，連續進步。

11. 提膝撞襠步

(1)同前「進步」預備式。

(2)由預備式，上右步，左腿提膝，膝蓋高與臍平（圖3－21）。

圖3－19

圖3－20

圖3－21

(3)承上式，左腿向前落地，右腿提膝，高與臍平（圖3－22）。

【要點】提膝意念膝撞肚臍，步大小方向不要拘束。

【功用】活動膝足，鍛鍊身法進步迅速。提膝注意護襠。提膝用於撞擊對方襠部。

12. 膀敧步

(1)同前「進步」預備式。

(2)由預備式，上右步，隨即上左步（圖3－23）。

(3)承上式，在左足落地的同時，右足足掌擦地向前踢，足尖上蹺，高與膝平；同時，左腿屈膝（圖3－24）。

(4)承上式，右足落實地，上左步右足同上式足掌擦地向前踢，足尖上蹺，左腿屈膝（圖3－23）。先上左步練，左右同式。

【要點】

(1)向前墊步用身法找距離，第二步儘量要大一些。上步時上身向前伏身，足向前踢要小架勢，身形矮下去，

圖3－22

圖3－23

圖3－24

使身體重心下移。

(2)足踢出後，後足跟擦地向前，以助足向前踢之勢。

(3)上步及足向前踢，完全以身法帶動腿足動作。

【功用】活動腰胯膝足，鍛鍊足向前踢力度。足踢著力點為對方膝蓋以下部位，適於遠距離進攻。

13. 猿猴入洞步

(1)同前「進步」預備式。

(2)由預備式，左足向左橫開半步，右足向右前方跳進一步，虛步足掌點地。同時，右手向右前方穿出，左手從右小臂上摟回，屈肘貼肋，手心向下（圖3－25）。

(3)承上式，右足向右橫開半步，左足向前跳步，足掌點地。同時，左手從右小臂下向左前方穿出；右手臂屈肘貼肋，掌心向下，手指向前（圖3－26）。

先橫開右步練，左右同式。

【要點】上步換步要輕靈，手足同時，動作，向前穿之手向前向下走一弧形。

圖3－25

圖3－26

【功用】活動肩、肘、腕、胯、膝、足，鍛鍊身體敏捷閃展快速，與對方交手時，搭手摘墊進身。

14. 提筋步

(1)同前「進步」預備式。

(2)由預備式，上左步（圖3－27）。

(3)承上式，右足向前踢，隨即向上向後畫一個圈，足落在右前方，足掌著地，左腿屈膝。在右足前踢畫圈的同時，雙手掌心向下，手指向前，配合足向前上方往下按，也畫一個圈（圖3－28）。

(4)右足向前墊半步。繼續練左足及雙手同上式向前畫圈，先練上右步踢左足，左右同式。

【要點】手足同時，畫圈，用腰胯畫圈。雙手向下按要拔頂抗項提脊。

【功用】活動腰、背、胯、膝、足、肩、肘、腕，鍛鍊足踢功力。踢點為對方膝下部位。

圖3－27

圖3－28

15. 九宮步

(1)同前「進步」預備式。

九宮步圖從1至9共九個數位，按順序號走，第一輪與第二、三輪有個別數字步法身形不同，九個數位的排列，橫豎及斜向三個數相加均為15（圖3－29）。

圖3－29　九宮步圖

第一輪走法

(1)正前方進左步踩①。

(2)正前方上右步踩②。

(3)左足向左前方踩③。

(4)右足向左踩④足尖向右撇。

(5)身形向右轉，左足踩⑤。

(6)上右步踩⑥，右足尖向裡扣。

(7)左足向左移踩⑦，足尖向左撇。

(8)身形向左轉，右足踩⑧，足尖向右。

(9)身形轉向正前方，上左步踩⑨。

第二輪走法

(1)右足移步踩①。

(2)左足移步踩②，足尖向左撇。

(3)轉身右足踩③，④⑤⑥⑦同第一輪。

(4)左足移步踩⑧。

(5)右足正前方踩⑨。

第三輪走法

(1)身形向右轉一周，左足踩①。

(2)身形再向左轉一周，右足踩②。

(3)向左移左步，左足踩③。

(4)④~⑨的走法，完全同第一輪走法。

【要點】走時身形要矮，提膝摘胯，大步儘量要大要慢，小步要快要小。練習熟練後走時步法不拘大小，隨意而走，屈膝進步，氣要下沉。轉身時以足掌點地，旋轉身形。

【功用】鍛鍊身法步法，閃展騰挪。

16. 閃戰步（奇門進步）

(1)同前「進步」預備式。

(2)由預備式，右足向右前方移挪半步。

(3)承上式，左足從右向左前方上一步，膝向前拱，足尖向外撇，鬆腰沉胯（圖3－30）。

(4)承上式，向左前方上右步（圖3－31）。

(5)左足向左移挪，右足向右前方上一步，足尖向外撇，鬆腰沉胯，向右前方上左步，同上式。先進左足練，左右同式。

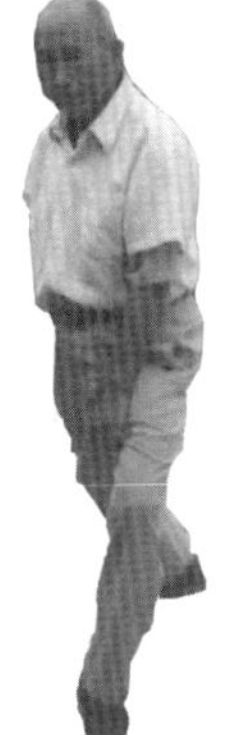
圖3－30

圖3－31

圖3－32

圖3－33

【要點】挪步大小根據實際情況，上步要到位，步隨身換。

【功用】活動胯、膝、足。與對方交手從側面進身所採用的步法。

17. 牛膝步

(1)同前「進步」預備式。

(2)由預備式，右足以足跟為軸，腳向外轉，足尖向右（圖3－32）。

(3)承上式，左足向右前方上步，足尖向右，身形面向右方。雙臂鬆垂，分別放左右胯根部（圖3－33）。如上右足則身形向左。

(4)繼續操練，以左腳跟為軸，腳向左轉，足尖向左；右足向左進一步，足尖向左，身形面向左方。雙臂置左右胯根部。

先進左足練，左右同式。

【要點】上步用臀提腿，胯向前丟腿，上身不動，只動腰以下各部。

【功用】活動胯、膝、足。與對手交手搭手進身，向前偷步進身，使對方毫無感覺。

18. 蛇行步（盤腿）

(1)同前「進步」預備式。

(2)由預備式，右足向右前方擦地畫弧，向前進步，足掌著地（圖3－34）。

(3)承上式，左足向左前方擦地畫弧，向前進步，足掌著地（圖3－35）。後退沿原路線。

【要點】上步要掐住胯，上身不動，前進雙腿屈膝，前進與後退身法都要穩，尾閭回收用胯走步。

【功用】活動胯、膝、足。鍛鍊進步退步基本功。

19. 閃展步

(1)同前「進步」預備式。

(2)由預備式，右足向外開半步（圖3－36）。

圖3－34

圖3－35

圖3－36

(3)承上式，左足提起，從右足旁向左前方上步，足掌著地，後腿屈膝，前腿吸胯提膝（圖3－37）。

(4)承上式，左足向外開半步。同（2）式。

(5)同上式，右足從左足旁向右前方進步，足掌著地，後腿屈膝，前腿吸胯提膝。

【要點】上步要輕靈，路線走弧形，前足為虛步，後足落實。

【功用】鍛鍊步法輕靈活快，大多進步式子用此步法。

20. 塌拉步

(1)同前「進步」預備式。

(2)由預備式，上左步，隨即右足向前進一大步，足尖點地（圖3－38）。

(3)承上式，右足向前續半步；同時，左足擦地跟進，雙足相距一拳頭左右（圖3－39）。

(4)承上式，繼續練右足向前墊步，進左步同上式。先上右步練，左右同式。

圖3－37

圖3－38

圖3－39

【要點】上步時身形要矮下去，進步要輕靈。

【功用】攻敵直進步法。進步劈山為此步法。

21. 雞蹬步

(1)同前「進步」預備式。

(2)由預備式，右足提膝，足尖上蹺，左膝微屈。同時，雙手搭在一起，右手在上，雙手掌心向上，手指屈攏（圖3－40）。

(3)承上式，右足向下蹬，足落右前方。同時，雙手左右分開向下按，手指張開（圖3－41）。

(4)繼續練右足向前墊步，左足提膝下蹬，雙手搭一起下按等動作，均同上式。先左足提膝練，左右同式。

【要點】

(1)雙手向下按，隨下按之勢，手指張開。上步足掌先落地。

(2)手向下按，足向下蹬，要拔頂抗項，玉枕穴向後挺，足下蹬挺項同時動作。

圖3－40

圖3－41

【功用】鍛鍊向下擊打法，頭頂脊骨發勁。

22. 鏟子步

(1)同前「進步」預備式。

(2)由預備式，左足向前墊半步，右足向前方踢出，高不過膝，左腿微屈膝（圖3－42）。

(3)承上式，右腿向右橫開半步落實地；同時，左足向前踢，同上式（圖3－43）。

(4)先墊右足，左足向前踢，左右同式。

【要點】足向前踢足掌著地，擦地面前踢高約七寸，要用腰胯之力向前上方踢。前足落地後足即踢，要快不要踢高，所謂「**踢不見踢**」。

【功用】

(1)暗腿，踢對方迎面骨。

(2)鍛鍊足的踢蹬功力。

(3)當與敵交手，手足並出，上下一齊出擊，使敵人上下不能兼顧。

圖3－42

圖3－43

23. 輾閃步

(1)同前「進步」預備式。

(2)由預備式，左足向前進一步，右足隨即前進一步（圖3－44）。

(3)承上式，右足以足掌為軸，身形向左後方轉180°；同時，左足以足掌擦地，閃到右足的後面，站成「右弓箭步」（圖3－45）。先進右足練，左右同式。

【要點】身形要低，以腰胯帶動雙腿轉身。

【功用】鍛鍊身法輕靈活快。迎擊後方來敵步法。

24. 圈轉步（圈搧步）

(1)同前「進步」預備式。

(2)由預備式，左腿向左外圈進一步，足尖向外撇（圖3－46）。

(3)承上式，右足向左前方圈進一步，足尖裡合；左足以足掌擦地，向左後方撤一步，成「後弓箭步」（圖

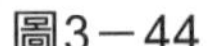

圖3－44

圖3－45

圖3－46

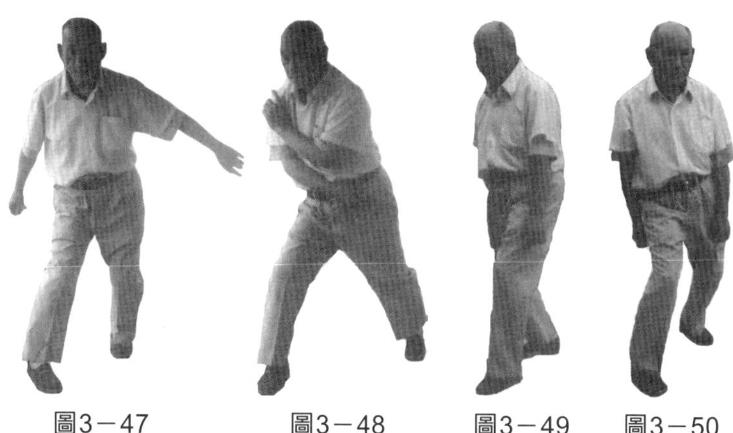
圖3－47　圖3－48　圖3－49　圖3－50

3－47、圖3－48）。

【要點】上步轉身，身形要低矮，步法儘量要開展。

【功用】鍛鍊身法步法、圈搧步法。迎擊後面來敵。

25. 旋轉步

(1)同前「進步」預備式。

(2)由預備式，左足向前邁一步（圖3－49）。

(3)承上式，右足提起緊貼左腿裡側，以左足掌為軸，向左後方轉180°，右足向前踏地站成「右弓箭步」，稱「左旋轉步」（圖3－50）。

(4)先右足進步練右旋轉步，左右同式，但方向相反。

【要點】上步要輕靈，轉身要矮身。

【功用】鍛鍊身法步法。迎擊後方來敵。

26. 喜鵲步

(1)同前「進步」預備式。

(2)由預備式，右足向右前方邁一步，足尖向外撇

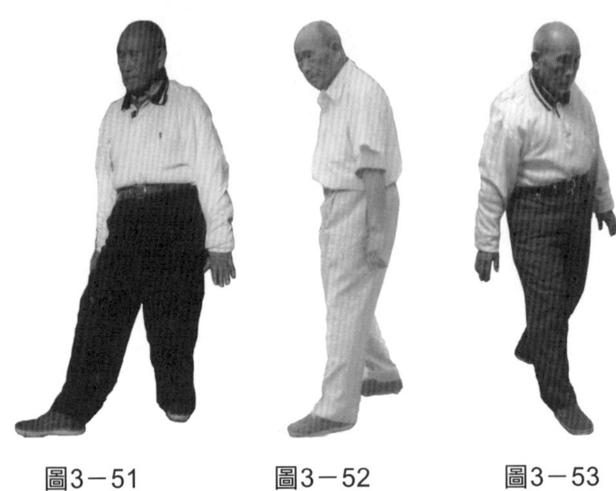

圖3－51　圖3－52　圖3－53

（圖3－51）。

(3)承上式，左足向前邁一步，足尖向裡扣，站成左斜「騎乘式」（圖3－52）。左右同式。

【功用】鍛鍊身法步法。

27. 箭步

(1)同前「進步」預備式。

(2)由預備式，右足向前邁一步，足尖點地，站成虛實步。

(3)承上式，以足的蹬力，腰的縱力，急邁左腿，縱身跳起，並帶動右腿向前進一步，足尖點地，仍站成虛實步（圖3－53）。

【要點】步要輕靈，活快敏捷。

【功用】搶步突進攻敵。進攻步法。

28. 吊步（掖步）

(1)同前「進步」預備式。

(2)由預備式，左足向前一步，足尖向外撇（圖3－54）。

(3)承上式，右足向左前方橫進一步，左足再進一步，右足橫進一步，兩腿屈膝沉胯，雙足呈八字形（圖3－55）。繼續練右足向前移半步，左足掖步。

先進右足練，左右同式。

29. 躍步

(1)同前「進步」預備式。

(2)由預備式，右足向左前方進一步，左足跟進一步，兩足站八字形，前腿微向前弓，後腿屈膝（圖3－56），連續上右步跟左步。

(3)承上式，右足向右前方橫進步（斜向右），左足隨即前進一步，右足跟進，同上式（圖3－57）。

先進左足練，左右同式。

圖3－54

圖3－55

圖3－56

圖3－57

【要點】進步儘量大步，跟進後足要快。

【功用】活動胯膝足。進攻步法，連續進步。

30. 劈心蹚腳

(1)同前「進步」預備式。

(2)由預備式，左腿膝微屈站立，右腿提膝，足尖上蹺。同時，雙手臂屈肘胸前，掌心向上，手指向內相對，高與肩平，腰微屈（圖3－58）。

(3)承上式，右足向下蹬，足掌著地。同時，雙手翻腕，手掌向下按，拔頂抗項腰伸。

【要點】提膝儘量要高，意念膝蓋貼小腹。手按、足蹬、腰伸、頭頂、項挺同時動作，周身同時發出整勁。

【功用】鍛鍊手的按力，足的蹬踩力。

31. 瘸腿折腰步

(1)同前「進步」預備式。

(2)由預備式，右足抬起即落地，膝微屈。在右足落地的同時，右手向前伸向外翻掌，手指向前，掌心向上，

圖3－58

圖3－59

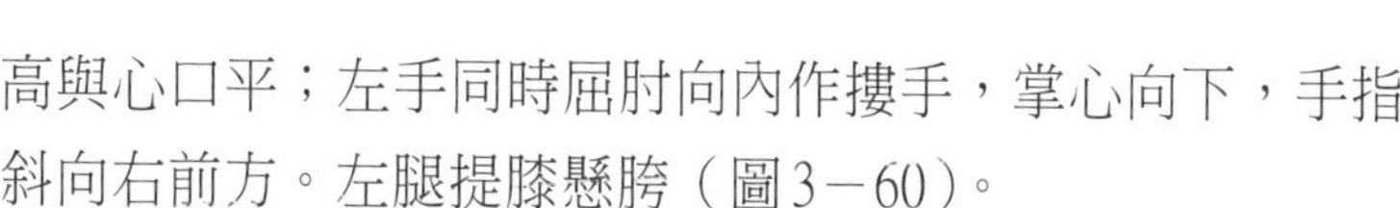

高與心口平；左手同時屈肘向內作摟手，掌心向下，手指斜向右前方。左腿提膝懸胯（圖3－60）。

(3)承上式，左足落地膝微屈。同時，左手向外翻掌，右腿抬起懸胯，右手同時往回屈肘作摟手，同上式（圖3－61）。

先練抬左足，左右同式。

【要點】足落地要鬆腰沉胯，全身意念向下鬆墜，氣向下沉。

【功用】活動肩、肘、腕、腰、胯、膝、足，鍛鍊發手打出爆發力，全身整勁。

32. 連環步

(1)同前「進步」預備式。

(2)由預備式，右足向前一步虛步，足掌點地，雙手臂下垂，站成虛實步。

(3)承上式，雙手臂前伸，右手在前，雙手掌心向下，手指向前，高與心口平，雙手由右向前懷內畫一圓

圖3－60

圖3－61

圈，同時，提背將右足提回半步（圖3－62）。

(4)承上式，右足隨即向前續進半步，進左足向前一步。雙手臂配合進步向前穿，左手在前，雙手掌心向下，手指向前，高與心口平（圖3－63）。

(5)繼續練，左足回收即續步，上右步均同上式。

先上左足練，左右同式。

【要點】提背、撤步、手回摟同時動作，上步、手向前穿同時動作。

【功用】活動肩、肘、腕、背、胯、膝、足。提背手往回摟是化對方來手，然後趁勢上步進身。

33. 陷阱步

(1)同前「進步」預備式。

(2)由預備式，左足向前墊一步，右足提膝高過膝蓋，向左腿外側落步。在足上提下落時，雙臂下垂，雙手掌心向下，手指向前，雙手分別置於左右胯外側（圖3－64）。

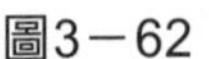

圖3－62

圖3－63

圖3－64

(3)承上式，右足落地後即提左足，同上式，足落右腿外側，連續操練。

【要點】提膝落步要輕靈，氣下沉，呼吸自然，快慢起落都要練。

【功用】鍛鍊下盤穩固，變換靈敏，遇到地面坑坎，不致失足。

34. 五虎群羊步

(1)同前「進步」預備式。

(2)由預備式，左足向前墊步，右足向左前方踢起，隨即向右橫踹（圖3－65、同圖3－64）。

(3)承上式，墊右步左足向右前方踢起，隨即向左橫踹，同上式（圖3－66）。

【要點】

足向前踢橫踹，高度不過膝蓋。足踢借腰力，橫踹動作要快，踹時拔頂抗項，雙手向下按以增加其力度。

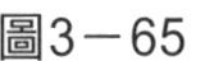

圖3－65

圖3－66

【功用】右足踢對方右腿，踢不著時即變招橫踹其左腿。左足踢對方左腿，踢不著時橫踹其右腿。

35. 靈貓撲鼠步

(1)同前「進步」預備式。

(2)由預備式，右足向前墊步，同時，雙手向外分，隨即進左步，再上右步，足掌點地（圖3－67）。同時，雙手由左右向前撲按（圖3－68）。

【要點】上步要急，手足配合動作。

【功用】急攻進身步法。

圖3－67

圖3－68

第二節　行步散手操法（72種）

1. 行步劈山

(1)預備式。立正姿勢，雙臂自然下垂，氣沉丹田，呼吸自然，兩目向前平視，下頦回收，胸微含（圖3－69）。

(2)由預備式，上左步隨即進右步，虛步足掌點地。在上右步的同時，右手向上穿，掌心向前，高過頭頂；左手從右小臂摟刨一下，以助其勢，掌心向下，手指向右置於腹前（圖3－70）。

(3)承上式，右足再向前續進一大步，足踏實地。同時，右手成拳向下劈，劈至右腿裡側；同時，左手摟刨右小臂，屈肘攏胸。在右手下劈的同時，左足擦地跟進一步，前後足相距約一拳左右距離（圖3－71）。

(4)後足向外斜，繼續練，右足向前墊半步，上左步。左手向上穿，右臂屈肘護肋。右足擦地跟進。左和向下劈同上式。

再換式，先上右步進左步，左右同式。

【要點】

(1)上步穿手身形向上提，拳下劈時拔頂抗項，探背鬆肩。

圖3－69

圖3－70

圖3－71

(2)拳向下劈隨劈由掌成拳，拳形為第一尖拳（手由小指、無名指、中指、食指、大拇指順序成拳），劈到終點握拳。

(3)手向上穿為吸氣，下劈為呼氣，但呼吸要自然結合。

【功用】手上穿格化對方來手，拳劈位置為對方太陽穴或肩井穴，用拳背擊打。

2. 連環劈山（蛇形手）

(1)同前「劈山」預備式。

(2)由預備式，上左步，隨即進右步虛步，足掌點地。在上右步的同時，右手手指蜷攏、掌心向內，向上穿高過頭頂，隨向上向外翻滾，變為掌心向前；在右手向上穿的同時，左手手指蜷攏，向下穿至腹前，手指向下，雙手上下穿時，左手在外，右手在內（圖3－72）。

(3)承上式，右手成拳向下劈；同時，左手摟撣右小臂，然後屈肘貼肋，右手拳劈下後，就勢向左側向前掄轉一周，手反背向外（圖3－73）。左手向右前方拍擊（圖3－74）。

(4)承上式，右手屈肘向前上方向下劈，劈至右腿的裡側；左手屈肘貼肋，手置右肩窩下。在右手拳下劈的同時，右足向前續進一步，左足擦地跟進，雙足相距一拳左右（圖3－75）。

先上右步練，左右同式。

【要點】

(1)手向下劈，手臂掄轉，以足蹬之勢帶動腰背，以背帶動手臂，即勁由足而腿而腰背手臂，周身動作協調一

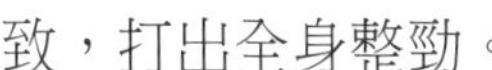

致，打出全身整勁。

(2)拍掌及劈拳要探背鬆肩，拔頂抗項。

(3)拳下劈用第一尖拳，隨向下劈隨成拳。

(4)手上下穿為蛇形手，隨向上穿隨向外翻滾。

【功用】手向上穿化解對方來手，拍掌格攔對方來手，劈拳擊點為對方頭面部。

圖3－72　圖3－73

圖3－74　圖3－75

3. 劈山雙反背

(1)同前「劈山」預備式。

(2)由預備式，上左步，隨即上右步，虛步足掌點地。在上右步的同時，右手向上衝，掌心向左，高過頭頂；同時，左手摟撣右小臂，以助手向上衝之勢，左手置腹前，掌心向下，手指向右（圖3－76）。

(3)承上式，右手成拳向下劈；同時，左手補助右小臂，然後屈肘攏胸護肋（圖3－77）。

(4)承上式，右手拳劈下後，從前下方隨劈下之勢翻腕，轉到左側，雙小臂搭十字在一起（圖3－78），掌心向後，雙臂向前高與眉齊。

(5)承上式，雙手臂同時，左右分開，向前下方反背，掌心轉為向上，雙臂下落左右胯外側，掌心向前，手指向下（圖3－79）。繼續練上右步墊步，再進左步左右同式。

圖3－76　圖3－77　圖3－78　圖3－79

【要點】

(1)拳下劈時鬆腰胯，反背掌下落時探背鬆肩，鬆腰沉胯，拔頂抗項，兩手指向下指，手指要有掐勁，全身打出一個整勁。

(2)手向上衝，隨向上向外翻滾。下劈為「第一尖拳」形，隨下劈成拳。

【功用】手向上衝向外翻滾，化解對方來手，劈拳擊對方頭面，雙手反背劈砸對方肩部，或從側面單臂劈砸。另一手臂同樣動作，以增大單手劈砸力度，全身為一整勁。

4. 劈山炮

(1)同前「劈山」預備式。

(2)由預備式，上左步，隨即進右步，虛步足掌點地。在上右步的同時，右手掌心向左上穿，高過頭頂；同時，左手摟撣右小臂，然後置腹前，掌心向下，五指向右（圖3－80）。

(3)承上式，右手成拳向下劈，劈下後向左再向前掄轉一周，反背落在右腿外聯，掌心向前，五指向下（圖3－81）。在右手下劈的同時，左手摟撣右小臂，然後屈肘攏胸護肋，在右手下落時，左手也同時，落下，置左胯外側。

(4)繼續練，右足向前墊半步上左步，動作均同上式。先進右步練，左右同式。

圖3－80

圖3－81

圖3－82

【要點】

(1)拳向下劈要沉腰坐胯，探背鬆肩。

(2)手臂掄轉以足蹬之勢，膝胯腰帶動手臂，手臂鬆軟如鞭如繩。

(3)手向上穿，身形意念向上提，手隨向上向外翻滾。

【功用】練習雙臂上揚下抽之力，鍛鍊衝、崩、擢、挑、劈、搧之勁法，活動肩背。屈肘胸前，為保護自身不為人所乘，手上穿化對方來攻之手。

5. 行步摔掌

(1)同前「劈山」預備式。左足向左前方墊半步。

(2)承上式，右足向前方進一步虛步，足掌點地。在右足進步的同時，右手向上作提手式，向前上方擊出，高與眉齊；在右手向上作提手的同時，左手摟刨右小臂，然後屈肘貼肋置腹前，掌心向下，手指向右前方（圖3－82）。

(3)承上式，右足向前進半步，左足隨即跟進半步。在右足進步的同時，右手掌心向下，五指張開，向下摔

擊；同時，左手補助右小臂，用手摟刨右小臂，在右手五指張開的同時，左手也同時張開，掌心向下，手指向前（圖3－83）。

(4)承上式，繼續練右足向外橫開半步，進左步，左手向上作提手式。同上式，先上右足墊步練，左右同式。

【要點】掌向下摔擊，頭向上頂，胯向下沉，雙手掌要同時，張開，以打出全身整勁。

【功用】鍛鍊手的摔擊抖炸力。手向上提擊對方下頦，摔掌擊對方來手，或用提手式衝破敵勢，即用摔掌擊對方胸腹部。

6. 轉環拍掌

(1)同前「劈山」預備式。

(2)由預備式，左手向右前方畫一小圈穿出，掌心向上，手指尖向前微向下。隨左手向前穿的同時，左足向右前方圈進一步，足尖向左前方；右腿膝微屈，左腿膝向前弓。在上步的同時，右手與左手向相反方向畫弧，然後右手轉到耳旁，掌心向前，手指向上微屈扣（圖3－84）。

圖3－83

圖3－84

(3)承上式，右足向左前方邁進一大步，鬆腰鬆胯，膝向前弓，站成「弓蹬步」。同時，右手向左前方拍擊，手拍擊後即變成勾手；左手摟刨右小臂，然後屈肘攏胸護肋，掌心向右，手指向上，兩目注視前方勾手（圖3－85）。

(4)承上式，右足原地抬起向右掰步，足尖向右。右手向前穿（圖3－86）。

(5)繼續練，上左步左手向前拍擊，同上式。先圈進右步練，左右同式。

【要點】

(1)出手三尖對正（足尖、手尖、鼻尖），手腳齊到，上下相合，前後手畫圈同時，動作。

(2)掌向前拍，用背向前搓扣，拍掌擊時鬆腰沉胯，探背鬆肩，氣向下沉。

【功用】

(1)前手畫圈化對方來手，後手畫圈以加大前手力

圖3－85

圖3－86

度。三尖對正，拳由中出，為是擊出之手準確。

(2)練習掌推擊之力，操練拍、撲、塌、按勁法。拍掌擊對方面部。

(3)進步攻敵，也可奇門進身擊敵。

7. 進步穿掌

(1)同前「劈山」預備式。左足向左前方進一步。

(2)承上式，上右步足掌點地虛步。在上右步的同時，右手向前穿，掌心向下，手指向前，高與眉齊；同時，左手由右小臂上摟回，屈肘貼肋，掌心向下（圖3－87）。

(3)承上式，右足向右前方上半步；同時，左手向前穿；上左步虛步，右手從左小臂上摟回，屈肘貼肋，掌心向下，手指向前（圖3－88）。換步左右同式。

【要點】

(1)向前穿的手指微屈扣，三尖對正。

(2)手向前穿三成勁，回手摟刨七成勁。用背向前送手，

圖3－87

圖3－88

探背鬆肩。在後手摟刨小臂一瞬間前手掐勁，隨即鬆開。

【功用】手向前穿，擊點為對方面部及胸上部，手往回摟刨，是化擊對方下邊來手。

8. 跑步中拳

(1)同前「劈山」預備式。

(2)由預備式，左足向前墊半步，隨即上右步。在進右步的同時，右手成拳向前水平擊出；同時，左手從右小臂上摟回，然後屈肘貼肋，雙手握拳，拳眼向上（圖3－89）。

(3)承上式，右足向前墊半步，上左步。左手成拳，向前水平擊出；同時，右手從左小臂上撤回，屈肘貼肋，雙手拳眼向上（圖3－90）。

(4)先進右足墊步上左步練，左右同式。

【要點】

(1)拳擊出高度與心口平。拳擊出時雙手同時，握拳，同時，張開變掌，其目的是打出一個整勁，加大打出

圖3－89

圖3－90

力度。

(2)拳向前打鬆腰鬆胯，以腰、胯、背催動前擊之手，回撤之手力度大，以助前手擊出之勢。

【功用】拳攻擊點為對方中脘穴，回手勁大，以捋帶對方來手。

9. 連環圈手

(1)同前「劈山」預備式。

(2)由預備式，上右步虛步，足掌點地。同時，左手向右作摟手，右手由胸前向上穿，五指屈攏，掌心向上，掌背向下，高過頭頂（圖3－91）。

(3)承上式，右足向右前方上半步。右手向右揚畫半圈，左手向左揚畫半圈（圖3－92）。

(4)承上式，再上左步，虛步足掌點地。同時，左手掌心向左，左手向外揚，右手下撤，轉一周向左作摟手；左手由揚手轉為向裡，向前上方穿出，五指屈攏，掌心向上高過頭頂（圖3－93）。先上左步練，左右同式。

圖3－91　圖3－92　圖3－93

【要點】

(1)向前穿之手肘向裡裹，肘尖對鼻尖，兩手似拳非拳似掌非掌，用掌背向外擊。

(2)雙臂以背送手，手臂如鞭如繩。

【功用】

手向前穿，擊對方面部，揚手格上面來手，搭摟化解對方中平來手。

10. 鬧拳法

(1)同前「劈山」預備式。

(2)由預備式，右足向右橫開半步，足尖向右。同時，右手由下向左上方掄轉一周，至右胯旁（圖3－94）。

(3)承上式，上左步，身形微向右。左手同時，由左向上屈肘，高與肩平（圖3－95）。

(4)承上式，右手握拳向前經左臂上方擊出，高與眉齊。同時，右足同前掖步（圖3－96）。

(5)繼續練，左步向外開，足尖向左。同時，左手向

圖3－94

圖3－95

圖3－96

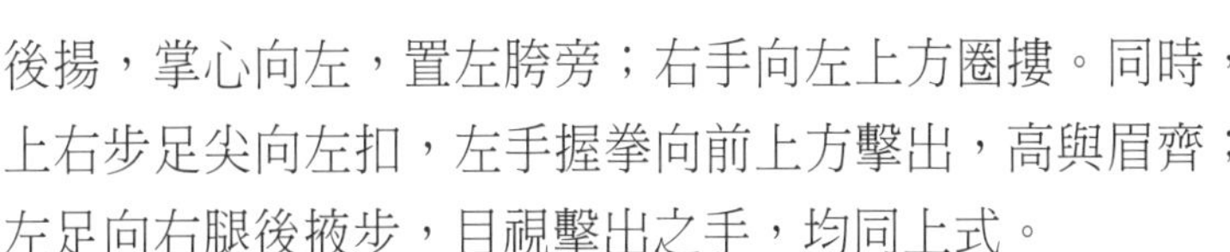

後揚，掌心向左，置左胯旁；右手向左上方圈摟。同時，上右步足尖向左扣，左手握拳向前上方擊出，高與眉齊；左足向右腿後掖步，目視擊出之手，均同上式。

先上左步練，左右同式。

【要點】

(1)步隨身轉，兩手連續動作，步法要緊湊，手法要嚴密。

(2)向前打出之拳，用腰背向上送。

(3)前橫肘不要下落，借腰背向上送手之勢，肘向外翻滾。

【功用】

(1)鍛鍊身法、步法，擠、靠、勁法。手臂摟揚格化對方來手，向上穿之手，擊對方面部。

(2)利用步法捷快的特點追擊敵人。以身法帶動手臂鍛鍊。

11. 行步直搧

(1)同前「劈山」預備式。

(2)由預備式，左足向前進一步，足尖向外撇，膝微屈。左手同時由右向前向左穿出，掌心向上，手指向前（斜向下方）（圖3－97）。

圖3－97

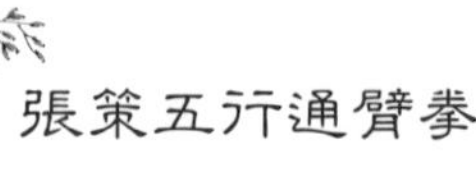

圖3－98

(3) 承上式，右足向前一大步，膝向前弓，後腿蹬直，上身前傾。同時，右手臂向前上方掄抽，至左胯裡聯，掌心向左，手指向下；左手同時摟撢右小臂，然後屈肘貼肋，手放右肩窩前，掌心向右，手指斜向上方，目向前平視（圖3－98）。

圖3－99

(4) 承上式，右足提起向後撤半步，足尖點地，身形隨之立起。右手向上擢挑，掌心向左；同時，左手從右小臂摟刨至腹前，屈肘貼肋，掌心向下，手指向右（圖3－99）。

(5) 繼續練，上右步，右手穿，上左步，左臂掄抽，均同上式。

換右足先向前進，左右同式。

【要點】

(1)手臂要鬆，掄抽如鞭如繩，用腰背帶動手臂。

(2)前後腳站成順腳步，前足向前擦蹬，後足如同踩鑽，不要起墊，足跟不準離地。

(3)手向上挑，用腰向上提步，動作要輕靈，臂掄抽注意向裡裹肘，肘尖對準肚臍。

【功用】

(1)穿手化解對方來手。一般奇門進身，用臂掄抽對方面部，貼身前劈下。

(2)第一步找方位調整距離，第二步進大步於對方身後，控制對方下盤，使其無從移身，手臂下劈。

12. 圈搧

(1)同前「劈山」預備式。

(2)由預備式左足向前邁一步，足尖向外撇。同時，左手從胯順胸前，向左上前方捋下，掌心朝下，指尖併攏向前，貼於左胯外側（圖3－100）。

(3)承上式，右足向前邁一步，以足掌為軸向左後方轉180°；左足足掌擦地撤至身後，站成右弓箭步。同時，右臂由後向上向前掄劈，小臂貼於腹前，五指併攏，掌心向外；左臂屈肘攏胸護肋（圖3－101）。

(4)承上式，左腿原地不動，右足跟提起，以足掌擦地，向後拉回半步。同時，右手掌向前上方挑出，掌心向

圖3－100

圖3－101

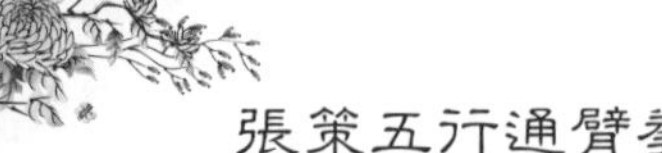

左，五指併攏向上；左手由胸前摟下，屈肘貼肋，手心向下，兩目向前平視（圖3－102）。

(5)繼續練上右步，右手向右上前方捋下，同上式。先練上右步，左右同式。

【要點】左右臂圈或搧時，務令其綿軟，圈手似繩，搧手如鞭。

【功用】鍛鍊身法進退靈活和兩臂抽擊力；操練兩臂掄、抽、摟、擄、搧、刨、劈之勁。

13. 進步斬手

(1)同前「劈山」預備式。上左步。

(2)承上式，再上右步，足掌點地。同時，右手臂向上揚，掌心向上，五指微屈，高與眉齊；左手在右手向上揚的同時，摟刨右小臂以助其勢，然後屈肘貼肋護胸（圖3－103）。

(3)承上式，右手握拳向下劈砸，左手同時，變為掌心向上，與右手同時，握拳（圖3－104）。

圖3－102

圖3－103

圖3－104

(4)繼續練，右足向外開半步，上左步。左手上揚，右手摟左小臂，左手握拳向下劈砸，同上式。先上右足練，左右同式。

【要點】手向上揚有向外翻滾之勢，手下落成拳，雙手同時，握拳以求勁整。拳握不要太緊。肩如鑄，握拳一瞬間拔頂抗項，沾衣發勁，意念拳似鐵錘，手臂如軟繩，手往下落脊上提。

【功用】鍛鍊手臂上揚下劈砸之力。手臂向上揚化解對方來手，劈砸部位為對方手腕，或截擊來手及對方頭面肩部。

14. 進步劈斬

(1)同前「劈山」預備式。

(2)由預備式上左步（圈進步）。同時，左手向前穿出，掌心向上，手指向前；同時，右手從胸前撣一下，轉到右耳旁，掌心向左，手指向上，目視前手（圖3－105）。

(3)承上式，向左前方上右步，前腿弓後腿屈膝，站成「斜騎乘式」。右手從耳旁向左前下方劈下，左手補助右小臂，同時屈肘護肋（圖3－106）。

圖3－105

(4)承上式，身形轉正，左腿提膝，高與膝平。同時，左手向前撞掌，掌扣指，五指向上，高與心口平。左足尖上蹺，右腿屈膝（圖3－107）。右手屈肘護肋。

(5) 承上式，左足向前落地，右手成拳向前水平擊出；同時，左手從右小臂上摟回肋下，掌心向下，左手變拳從右臂下向前水平擊出；右手變掌從左小臂上摟回，屈肘護肋（圖3－108）。換步左右同式。

【要點】

(1) 拳向下劈要鬆腰沉胯，一劈到地，手臂隨向下劈隨向外翻滾。

(2) 中拳及撞掌擊出時，不准順肩斜胯。雙手向回撤，摟刨力要大於向前之手，以背帶動手臂動作。撞掌提膝，以腰向上提帶動手足。

(3)提膝撞掌要小架勢，左腿提膝足有向前踢上撩之勢。

【功用】鍛鍊手臂下劈前擊之力。穿手化對方來手，手臂下劈斷對方臂根，撞掌擊對方華蓋、胸腹，中拳擊對方中脘穴，提膝撩腿踢對方膝下部位。

圖3－106

圖3－107

圖3－108

15. 躍步中拳

(1)同前「劈山」預備式。

(2)由預備式，右手向左前方引手上撩，掌心向上，高與眉齊。同時，向左前方上右步，左足隨即跟進一步，前腿向前弓，後腿屈膝（圖3－109）。

(3)承上式，右足再向前續半步，後腿跟進半步，前腿向前弓，後腿屈膝。在上右步的同時，左手橫掌從胸前向左前方橫擊，高與心口平；右手同時撤回，屈肘護肋，掌心向上，手指向前（圖3－110）。

(4)承上式，右足再向左前方進半步，後腿跟進，後腿屈膝。右手成拳向前水平擊出；同時，左手從右小臂上摟回，屈肘護肋，掌心向下，手指向右（圖3－111）。

(5)繼續練，右足向右橫開一步，上左步。左手向前撩均同上式，換步左右同式。

【要點】橫掌前擊要鬆肩探背，用背送手，引手進步，步子要大，身形要矮，身法步法要快。

圖3－109

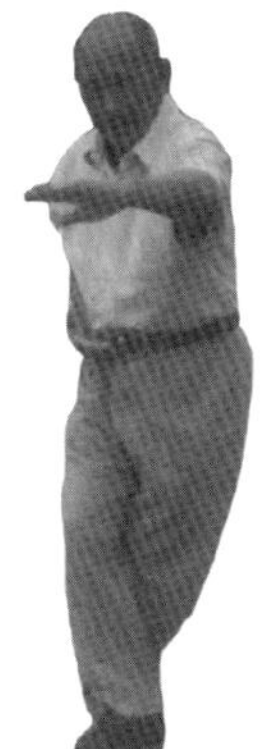

圖3－110

圖3－111

【功用】

(1)鍛鍊身法步法敏捷，手到腳到，活動胯、膝、足、肩、肘、腕。

(2)引手是虛招，引對方手應機而破之，橫掌擊對方軟肋部，中拳擊對方心窩穴。

(3)前足連續進步，後足跟進為進攻搶位步法。

16. 吊肘（掉肘）

(1)同前「劈山」預備式。

(2)由預備式上左步，足尖向外撇。同時，左手由右向前向左畫圈，高與肩平，掌心向下，至左胯外側，身形向左轉90°(圖3－112)。上右步面向左。同時，右臂屈肘胸前變為勾手狀，從左乳旁向上提，高過頭頂，勾背向上，手指屈攏向下，左手臂橫肘腹前（圖3－113)。

(3)承上式，左腿向右腿後掖步。左手作勾手狀，從右乳旁向上提，高過頭頂；同時，右手從左臂外側落下，至左胯根部（圖3－114)。

圖3－112

圖3－113

圖3－114

(4)承上式，繼續練，右足向右橫開半步，左腿掖步。右手向上提手，左手落下，連續練幾個轉身。

【要點】手向上提用背向上送，其意在勾背上，手臂上提下落皆以背力，任其自然鬆掉，鍛鍊手臂上提下掉勁法。手下落勁大。

【功用】手作勾手上提，擊對方下頦、頭前面部，手向下掉落擊對方下邊來手，近距離發手。步隨身法向敵身欺近。

17. 斜衝

(1)同前「劈山」預備式。

(2)由預備式上左步，足尖向外撇。同時，左手由右向前向左穿出，掌心向上，手指向前，高與眉齊（圖3－115）。

(3)目視左手，在左手向前穿的同時，右手臂屈肘向右畫圈。

(4)承上式，右足抬起。右手握拳置右耳旁，身形向左轉90°，面向左方，身向右傾借勢右小臂向下劈。右足落實，左足抬起。同時，左臂屈肘胸前鬆握拳（圖3－116）。

(5)承上式，右手臂向上崩挑，高過頭面；同時，左手掌心向下，屈肘貼肋。左足落實，右足抬起（圖3－117）。

(6)繼續練，右足落實，左足抬

圖3－115

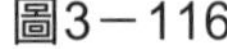

圖3－117

起。右手小臂向下劈，左手屈肘護肋同上式。

(7)練五六個式子轉身，右足足尖向外撇。右手向前向右畫圈，掌心向下，身形向右轉180°。上左步，左小臂向下劈砸。同時，右足抬起，右臂屈肘護肋，左手臂向上崩挑。落右足，左足抬起。右臂屈肘護肋。

【要點】

(1)拳向上崩挑下劈，肩如鑄，身形略向外傾，以身法帶動手臂。向下劈要鬆腰胯。

(2)雙手臂一上挑一下劈，上下同時，動作，方向相反。

【功用】活動全身。手向下劈擊點為對方太陽穴，如奇門進身劈對方面部，對方低頭即上挑，倘仰面即劈腹部。

18. 搖身膀敧

(1)同前「劈山」預備式。

(2)由預備式，右足向前墊一步，左足前進一步（圖

3－118)。

(3)承上式，在左足未落地時，右足足掌擦地向前踢，足尖向上，後腿屈膝。在上右步時，右手握拳向前上方衝擊，掄轉一周向前崩擊；在右手臂掄起的同時，左手從右臂下橫掌向前擊，手指向右，掌心向前（圖3－119)。

(4)承上式，在右手向前崩擊的同時，左手摟刨右小臂，以助其勢。右足落實地（圖3－120)。

繼續練，墊右步上左步，同上式。左右同式。

【要點】

(1)墊步進身身形要低，身體重心下移。足向前踢借身微後傾之勢，加大踢出力度。

(2)橫掌是抹眉，用背力向前續勁，背向後崩，手臂掄轉向前崩，皆以腰背力帶動。

【功用】

(1)此拳式連發四手，迎鋒進身，鍛鍊手臂崩擊力及擢、挑、衝擊力。

圖3－118　圖3－119　圖3－120

(2)鍛鍊進身步法。前手擢、挑對方正面，足踢對方小膝或襠內，拳崩擊對方小腹，橫掌抹擊對方上額。第一步調整距離，久練功深可遠距離進身發招。

19. 霸王敬酒

(1)同前「劈山」預備式。

(2)由預備式，左足向前半步，右手向胯外移，掌心向下；左手臂屈肘貼肋，掌心向上，手指向右，蓄勢待發（圖3－121）。

(3)承上式，右足向前一步，成「弓蹬步」。在上右步的同時，雙手握拳由右側掄起，高與眉齊，向前劈砸，落於腹前，雙手拳劈下即張開，左手掌心向下，右手掌心向上，手指向前（圖3－122）。

(4)承上式，雙手向前上方擊出，右手掌心向上，大拇指向右，虎口向前；左手掌心向下，大拇指向右，虎口向前（圖3－123）。

(5)繼續練，右足向前進半步，足尖向外撇，進左

圖3－121

圖3－122

圖3－123

步，雙手成拳由左向前掄劈，同上式。先進右步練，左右同式。

【要點】雙臂向前掄劈，掌向前擊，皆以腰背向前送手，手劈下立即就勢向前擊，動作要連貫。掌向前擊，背向後崩。

【功用】活動腰、背、肩、肘、腕。雙手掄劈迎面劈砸對方來手，向前推擊雙掌，上邊手掌擊對方脖頸，下邊手掌擊對方腹部。

20. 霸王洗臉

(1)同前「劈山」預備式。

(2)由預備式，左足向前墊半步。左手屈肘貼肋，掌心向下，五指向右；右手向胯外移，掌心向下，手指向右前方，蓄勢待發（圖3－124）。

(3)承上式，在左足將落地未落之際，右足以足掌擦地向前蹚。同時，雙臂由右向前上方掄起，高與眉齊，雙手掌心向下，落於雙胯前（圖3－125）。

圖3－124

圖3－125

圖3－126

(4)承上式，右足向前續半步落實地。同時，雙手變掌，向前水平推擊，手指向上，高與肩齊。左足抬起，雙手落於左右胯根部，左足落地（圖3－126）。

繼續練，墊右步左足向前踢，左右同式。

【要點】雙手向下劈砸與足向前踢為同時動作。足前踢借雙手下劈之勢，雙手臂以背帶動，前踢之足借腰力催動。

【功用】

(1)活動肩、肘、腕、背、胯、膝、足。雙手下劈破對方前面來手，雙手向前推擊對方華蓋穴，足下面踢對方迎面骨。

(2)遇敵來手上手劈砸，下面足踢來敵之下部，上下同時，發動使敵難以上下兼顧。

21. 錛子腿

(1)同前「劈山」預備式。

(2)由預備式，右足向前墊半步。右手臂向胯外移，手心向上，手指斜向右前方；左手屈肘貼肋，掌心向下，手指向右，蓄勢待發手（圖3－127）。

(3)承上式，左足向前踢，足尖向上。在左足向前踢的同時，雙手臂由右向上向前劈下，右手在前，左手在後，高與眉齊，在劈下時，雙手成拳，雙手置於左腹前，

拳鬆握（圖3－128）。

(4)左足落實，右足向前踢。同時雙臂由左向前上方劈下，同上式。

先練左足墊步，左右同式。

【要點】

(1)足向前踢用腰胯之力帶動，高不過膝。雙手向下劈探背鬆肩，後腿微屈，足踢與手向下劈同時動作。足踢膝下，速度要快。

(2)左邊劈左手在前，右邊劈右手在前，手劈下後成拳。

【功用】鍛鍊手臂下劈、足踢，手足同時進擊。雙手臂向下劈，截擊對方來手，足踢對方膝下迎面骨。

22. 旋鳳掌

(1)同前「劈山」預備式。

(2)由預備式，右手掌向前撩，掌心向上，手指向前。同時，右足向前進半步（圖3－129）。

圖3－127

圖3－128

圖3－129

(3)承上式，左足向前進一步，足尖向左前方，胯向外掰屈膝。同時，左手向左前方穿出，手指向前，掌心向上，高與肩平；右手同時從左小臂上撤回，屈肘護肋（圖3－130）。

(4)承上式，右足向左前方上步，足尖向左裡扣，身形以右足掌為軸，隨即向左後方轉，左腿向後拉步。右手同時向前拍掌擊出，高與肩平，手拍出後立即變為勾手；左臂屈肘護肋，掌心向右，手指向上（圖3－131）。

【要點】身形向後轉要用背向上提；拍掌要鬆肩探背；手向前拍用背向前搓扣。

【功用】鍛鍊身法、步法，轉身靈活。手向前撩為引敵出手，迎機而破之；穿手化解對方來手；拍掌擊後面來人面部。

23. 撩陰掌

(1)同前「劈山」預備式。

圖3－130

圖3－131

(2)由預備式，向左前方進右步。同時，右手掌心向前撩出，五指向下；在右手向前撩的同時，左手擦右小臂向後反撩，掌心向後，手指向下，以助前手撩出之勢（圖3－132）。

(3)承上式，右足向右橫開半步，左足向右前方上步。同時，左手向右前方撩出，掌心向前手指向下；右手掌心向後擦左小臂向反方向撩，以助前手撩出之勢（圖3－133）。繼續練，左右同式。

【要點】手向前向後撩，全用背力帶動，前撩後拉要一個整勁。手向後撩力度要大於前撩之手，身形小架勢。

【功用】鍛鍊腰、背、胯、膝、足、肩、肘、腕。手撩位置為對方襠內，向後撩之手摟刨對方來手，或對方中下盤踢來之足。

24. 引手拍掌中拳

(1)同前「劈山」預備式。

(2)由預備式，右足向前一步。右手隨即向前撩出，

圖3－132

圖3－133

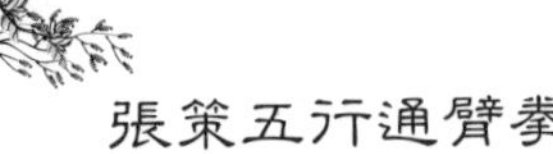

高與肩平，掌心向上，五指向前（圖3－134）。

(3)承上式，左手向前拍擊，拍手後即變為勾手，高與肩平；同時，右手擦左小臂撤回，屈肋護肋，掌心向內。在左手向前拍擊的同時，右足撤回變成虛步，足掌點地（圖3－135）。

(4)承上式，右手成拳，向前水平擊出，高與心口平。同時，右足向前進一步。左手從右小臂上摟回，屈肘護肋，掌心向下，五指向前（圖3－136）。

(5)繼續練，上左步左手向前作引手，右手拍掌，左手打中拳均同上式。

先上左步練，左右同式。

【要點】拍掌同時，撤步，拳擊出時沉膝坐胯，引手、拍掌、中拳均要三尖對正。

【功用】

(1)鍛鍊腰胯伸縮力、掌的拍擊力、拳的衝擊力。手向前引手，是引誘對方出手，拍掌擊對方面部，中拳擊對

圖3－134

圖3－135

圖3－136

方中脘穴或心窩穴。

(2)與敵交手連續進攻手法。

25. 四平炮

(1)同前「劈山」預備式。

(2)由預備式，雙手握拳，屈肘靠兩肋旁，拳背向下，虎口向前，左手在前（圖3－137）。

(3)承上式，左足向左前方進一步。雙手握拳向正前方擊出，前手高與眉齊，後手高與心口平，前手臂橫肘，左手拳眼轉為向右，拳心向下；右手拳眼轉為向左，拳心向下。左腿膝向前弓，右腿蹬直（圖3－138）。

(4)承上式，雙手拳下落，雙肘貼肋，拳心向上，雙手拳眼向前，同上式。右足前進一步，足尖點地，置左足旁，向右前方上右步。雙手握拳向正前方擊出（圖3－139）。

先上右足操練，左右同式。

圖3－137

圖3－138

圖3－139

【要點】雙手握拳向前擊用背力，拳不要握實。上邊手臂向外打隨向外翻滾，下邊中拳向前擰鑽，雙手下落向內翻滾，雙手同時，動作。

【功用】鍛鍊雙臂崩擊力，運用背力發手。上邊手化解對方高處來手，下邊中拳擊打對方心窩穴。

26. 七星炮

(1)同前「劈山」預備式。

(2)由預備式，左足向前一步，足尖向外撇。同時，左手向左前方反腕向下劈，拳背向下（圖3－140）。

(3)承上式，上右步身形向左轉90°，面向左方。隨轉身右手握拳，從右向上向左前方劈下（圖3－141）；同時，左手握拳，屈肘胸前。

(4) 承上式，下身不動，上身向右轉90°。左手拳向前擊出，高與眉齊；右手握拳向前水平擊出，左臂撤回屈肘護肋（圖3－142）。

圖3－140　圖3－141　圖3－142

(5)承上式，右臂屈肘向上橫欄，高與眉齊，拳眼向下，拳心向前；左手握拳向右前水平擊出。同時，左腳面勾住右腿，右腿屈膝（圖3－143）。

(6)承上式，左足向左落在原地；同時，右足抬起。右手隨步撤回向下劈，拳眼向上，置右胯旁；同時，左手握拳，立肘置耳旁，拳眼向後（圖3－144）。

(7)承上式，右足落實地。左手成拳向下劈，劈至左胯外側。左足抬起，右手握拳向上崩挑，拳眼向後，拳心向左（圖3－145）。

(8)繼續練，左足落實上右步。右手翻腕向下劈，身形向右轉90°，左手成拳下劈均同上式。

先上右足練左右同式。

【要點】前四個式子要舒展大方，即舒展暴力，發勁為劈、擂、斬、截，後三個式子縮小靈活，鍛鍊劈、砸、崩、挑勁法。

圖3－143

圖3－144

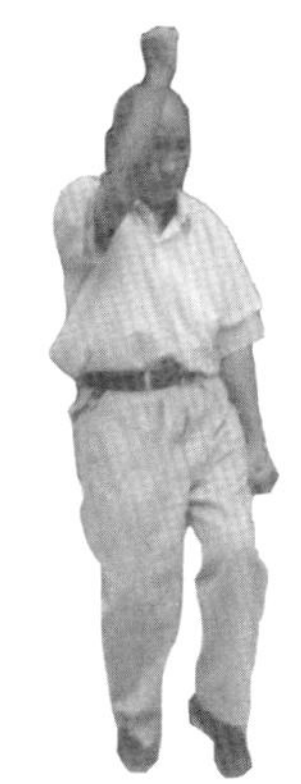

圖3－145

【功用】反手腕劈為截擊對方來手；拳向下劈為擊對方頭面部，或從對方面前貼胸腹下劈，斷其臂根；水平拳擊，打擊點為對方心窩穴或中脘穴。

27. 左右劈砸（左顧右盼）

(1)同前「劈山」預備式。

(2)由預備式，右足向右前方橫開半步，向左前方上左步，足尖向外撇。左手同時，向左前方穿出，掌心向上，手指向左前方，高與眉齊（圖3－146）。

(3)承上式，向左前方上右步。同時，右手握拳向下劈，劈到右腿裡側；同時，左手屈肘護肋，掌心向內，手指向上（圖3－147）。

(4)承上式，左足向左橫挪半步，右足向右前方上步，足尖向外撇，左足向右前方進步。同時，左手握拳向下劈，劈至左腿裡側，右手臂屈肘護肋同上式。

先開左步進右步練，左右同式。

【要點】進步要靈活，步隨身換，手足要合。前穿之

圖3－146

圖3－147

手要有穿、鑽、翻、滾之勢。拳向下劈，劈到成拳，隨向下劈手臂向外翻滾，沉腰坐胯頭向上頂，項挺玉枕穴向後凸，打出全身整勁。

【功用】鍛鍊手臂劈、擂、掉、捌、穿、纏、翻、滾勁法。一般奇門進攻，步法要過人，前足插入對方身後控制住對方，拳劈頭面一直劈到胸腹；正面劈時擊點為太陽穴、肩井穴。

28. 挺掌

(1)同前「劈山」預備式。

(2)由預備式，左足向前墊半步，隨即右足向前一步，虛步足掌點地。同時，右手向前水平穿擊，手指向前，掌心向下；左手從右手腕部摟回，屈肘護肋，手指向前，掌心向下，穿出之手高與心口平（圖3－148）。

(3)承上式，右足向右前方橫開半步，上左步，虛步足掌點地。左手向前水平穿出，右手掌從左手腕部摟回，屈肘護肋同上式（圖3－149）。先墊右步練，左右同式。

圖3－148

圖3－149

【要點】手掌五指微扣，手指不可併緊，相互之間略有空隙。手掌向前穿路線，右手微向左偏，左手微向右偏。向前穿三成勁，手向回摟七成勁。在雙手掌相擦碰時手要掐勁，以增加前穿之力度。

【功用】鍛鍊手腕挺力，手的摟刨力。手的打擊點為左右章門穴，回手摟刨對方來手。

29. 衝拳

(1)同前「劈山」預備式。左足向前墊半步。

(2)承上式，右足向前進步，虛步足掌點地。右手成拳，由胸前向上衝擊，高過頭頂，拳心向內；同時，左手握拳，屈肘護肋，拳心向上，拳眼向左（圖3－150）。

(3)承上式，右足向右前方橫邁半步，上左步，足掌點地。同時，左手拳由胸前向上衝擊，高過頭頂；同上式，右手拳從左臂內落下，屈肘護肋，拳心向上，拳眼向右（圖3－151）。

【要點】拳向上衝擊，兩小臂相擦，雙手同時握拳，

圖3－150

圖3－151

同時鬆開，以背帶動雙臂。拳向上打頭頂抗項，兩臂要向內裹肘，出手要中。

【功用】鍛鍊以背帶動手臂發勁，鍛鍊手的衝崩力及抽撤刨帶力。擊點為對方下頦及面部，手往下摟刨捋帶對方來手。

30. 猛虎爬山

(1)同前「劈山」預備式。

(2)由預備式，左足向前墊半步，右足足掌擦地向前踢。同時，左手向前穿，高與肩平；右手從左手小臂上摟回，屈肘護肋（圖3－152）。

(3)承上式，右足落地，左足抬起。同時，右手成拳，向前水平擊出；左手從右小臂上摟回，屈肘護肋（圖3－153）。

(4)承上式，左足落地，右足向前踢。左手向前穿，掌心向下，高與肩平；右手從左手小臂上摟回，屈肘護肘（圖同3－152）。

圖3－152

圖3－153

圖3－154

(5)承上式，右足落地，左足抬起向前踢。同時，右手向前穿，高與肩平；左手成拳向前擊。同時，左足落地，右足抬起（圖3－154)。

【要點】足向前踢高不過膝，穿掌及拳向前擊與步法要配合一致。

【功用】鍛鍊手足步法配合協調，步到手到，上下一齊發動攻勢；鍛鍊手的摟刨擄帶，足的踢撩點蹬。穿掌擊點為對方面部胸部，拳擊對方腹部，足踢膝下七寸，即迎面骨。

31. 進步群捉

(1)同前「劈山」預備式。

(2)由預備式，右足向前墊半步，左足從右向前向左圈進一大步，左腿向前弓，右腿屈膝。同時，左手向前穿，手指向前，掌心向上，右臂屈肘護肋（圖3－155)。

(3)承上式，就左手向前穿之勢，右臂立肘向後畫圈。上右步，右手臂接上式再畫一圈，向左前方擊下，小臂向前向下挫，沉腰坐胯。右腿膝向前弓，站成「斜騎乘式」。同時，左手臂屈肘攏胸護肋，掌心向右前方，手指向上（圖3－156)。

(4)繼續練，右足向後即再向前畫一小圈，仍落原地。右手向右畫圈，左手向左畫圈。向右前方上左步，左手臂畫圈向右前方擊出，同上式。

圖3－155

圖3－156

圖3－157

先墊左足向前練，左右同式。

【要點】鍛鍊以腰背之力發手，手臂畫圈向前擊打，均是腰背帶動手臂動作。手臂向前擊，要鬆腰沉胯，借腰胯之力量，手臂向前向下挫軋。

【功用】用於奇門進身進攻，進大步到敵身後控制住彼身，小臂貼對方前身，以腰背畫圈發勁，將人發出。

32. 白猿探爪

(1)同前「劈山」預備式。

(2)由預備式，左足向左前方進半步，雙手臂下垂，掌心向後。

(3)承上式，上右步虛步，足掌點地，微沉腰胯。在上右步的同時，右手向前上方穿撲，手指微扣向前，掌心向下，高與眉齊；同時，左手由右小臂上摟刨，屈肘貼肋，手心向下，五指向前（圖3－157）。

(4)承上式，右足向右前方橫移半步，隨即上左步，

圖3－158

虛步足掌點地，左手掌向前穿摸；同時，右手從左小臂上摟回，屈肘護脅，同上式（圖3－158）。

先進右步練，左右同式。

【要點】

(1)前後手要一條線，三法對正，手指屈扣，手指與手指之間要有空隙。在雙手臂相互摟刨擦碰時，兩手掌同時，掐勁，向前穿之手打出穿摸按拍之勢，回手摟刨力要大，以增加前手穿出之勁與速度。

(2)前後手皆以背力動作帶動，拔頂抗項，腰胯下沉。

【功用】活動腰、背、胯、膝、足、肩、肘、腕。出手正面攻擊對方頭面部。

33. 猴閃

(1)同前「劈山」預備式。

(2)由預備式，左足向後撤半步。雙手臂屈肘貼肋，右手在前，左手在後，掌心轉為向下，手指向前，置於腹前，高與心口平（圖3－159）。

(3)承上式，提背雙手掌心向下，向自身胸前摟攏。同時，右足向後撤半步（圖3－160）。

(4)繼續操練，右足向後撤一步。同時，雙手臂屈肘貼肋，左手在前，右手在後，手心向下，五指向前，同上式，雙手臂向自身胸前摟攏。同時，左足向後撤半步。左右同式。

圖3－159

圖3－160

圖3－161

【要點】雙手向自身摟攏，完全用脊背向上提將雙手臂帶回，提背、撤步、雙手回摟，三項動作同時進行。

【功用】鍛鍊以脊背帶手動作。與對方交手，對方向我進手，借來勢將其往懷中摟帶，待彼前跌拔根，借勢向前進身攻之。

34. 撇拳

(1)同前「劈山」預備式。

(2)由預備式，右手鬆握拳，左手自然下垂。左足先進半步，後足向左前方上步，身向左前方。同時，右手握拳，向前上方扔出，高過頭頂；同時，左手臂屈肘攏胸護肋（圖3－161）。

(3)承上式，雙手臂自然下落於左右胯外側（圖3－162）。

圖3－162

(4)繼續練時，右足橫向移一步，左足向右前方上一步。同時，左手握拳向前上方扔出，高過頭頂；同時，右手屈肘攏胸護肘，同上式。先練右足進半步，左右同式。

【要點】

(1)拳向上扔，用腰向上送；拳向下落，鬆肩、鬆腰、鬆胯，後腰（命門）往下垂，使雙手臂自然往下鬆掉。

(2)拳要鬆握，不要握緊。拳往上扔意念要往遠處送。

【功用】鍛鍊以腰送手，手臂鬆軟自如。拳向上擊點為對方肩下海底穴。

35. 反背掌

(1)同前「劈山」預備式。

(2)由預備式，上右步，足掌點地。同時，右手臂向前伸，高與肩平，掌心向左，手指向前（圖3－163）。

(3)承上式，右手臂從下向左再向右上方畫一圓圈；同時，左手抬起，手心向右，高同右手，從右手腕後配合右手，向相反方向畫圈（圖3－164）。

(4)承上式，右足向右前方墊半步，上左步，虛步足掌點地。左手臂向前伸畫圈，右手補助，同上式（圖3－165）。

先上左步練，左右同式。

【要點】手畫圈完全用脊背帶動手臂動作，雙手掌同時，掐勁，雙手畫圈方向相反，但是要一個整勁。

【功用】鍛鍊手臂纏繞之力，以手臂纏住對方手腕，使其站立不穩，對方勢破借機進身發手。

圖3－163

圖3－164

圖3－165

36. 虎撲

(1)同前「劈山」預備式。

(2)由預備式，向前墊左步，上右步。雙臂屈肘，掌心向前，五指微扣，兩手臂相距一肩寬，高與肩平（圖3－166）。

(3)承上式，右足續進半步，左足跟進半步。雙手臂由胸前上方撲按，高過頭頂，雙掌落在雙胯前（圖3－167）。

(4)承上式，右足向前墊半步。

(5)再上左步，雙臂向前上方撲按，同上式操法。

先上左步操練，左右同式。

【要點】雙手臂向前撲用背畫圈，雙手臂下落，使其自然鬆掉，雙手臂有往懷中摟刨之勢。

圖3－166

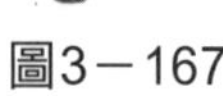

圖3－168

圖3－169

【功用】鍛鍊以背帶手臂發勁。雙手擊點為對方雙肩，或從肩部貼彼身向下撲擊，或摟刨對方前面來手。

37. 列門掌

(1)同前「劈山」預備式。

(2)由預備式，左足向前墊半步，雙手臂自然下垂，掌心向後。

(3)承上式，右足向前一步，虛步足掌點地。在上右步的同時，右手從左向右前方翻掌向外列，掌心向上，指尖向前，高與心口平；同時，左手從右小臂上摟刨，屈肘貼肋，掌心向下，手指斜向右前方（圖3－168）。

(4)承上式，右足向外橫移地步。右手向前手心向上，左手在左胯上側，手心向後（第一式以後所有移步墊步均為跳步）。

(5)向前方上左步，虛步足掌點地。左手向左列，右手撤回護肋，均同上式（圖3－169）。

圖3－170

先右足向前墊步，左右同式。

【要點】上步要輕靈，墊步為跳步。手向外列時要頭頂項挺。

【功用】鍛鍊手的穿、擢、挺、列、勁。向外列化開對方來手。

38. 護封三面

(1)同前「劈山」預備式。

(2)由預備式，左足向左進一步，足尖向外撇。左手掌隨向左前方穿出，掌心向上，指尖向前（圖3－170）。

(3)承上式，向左前方上右步，足尖向裡扣。在上右步的同時，右手臂掄起從右後方向右胯裡側劈下。雙足站立面向左方，蹲膝坐胯，兩目注視右前方。左手屈肘攏胸護肋，手指向上，掌心向右（圖3－171）。

(4)撤右步，左手向前穿，掌心向下，右手臂貼肋，掌心向下（圖3－172）。右手中拳前擊；同時，右足續進

圖3－171

圖3－172

半步，左手撤回貼肋，掌心向下（圖3－173）。

(5)繼續練，右足向右前方半步，足尖向外撇，右手同時，向右穿出。進左步左手下劈，同上式，先進右步練，左右同式。

【要點】以身形帶動手臂下劈，借蹲膝坐胯身法向下之勢，掄臂下劈，頭頂項挺，打出全身整勁。

【功用】左右手向前穿，格化對方來手；手臂掄劈截對方臂根，斷其根部；或從敵面前貼面下劈。

39. 轉身劈山

(1)同前「劈山」預備式。

(2)由預備式，左足向前墊半步，上右步，虛步足掌點地。右手向上穿，高過頭頂，掌心向前；同時，左手從右小臂上摟刨，然後屈肘貼肋護胸（圖3－174）。

(3)承上式，右手拳向下劈，向前掄轉一周，落於右胯外側；左手補助右小臂（圖3－175）。

(4)承上式，上左步，左足尖向裡扣，右步向後拉，

圖3－173

圖3－174

圖3－175

圖3－176

圖3－177

撤轉身向後。左手成拳，從左上方向前劈下，劈至左腿裡聯（圖3－176）。

(5)繼續練，左手向上穿，右手補助，左臂掄劈，上右步轉身，均同上式。換步左右同式。

【要點】上步轉身要用背向上提，拳向下劈，要探背鬆肩。

【功用】向前穿之手臂向外翻滾，向下劈之手臂向裡翻滾，手劈下成拳。此式用於轉身攻敵，穿手化對方來手，拳劈後面來敵頭面，或擊左右肩。

40. 吼獅發威

(1)同前「劈山」預備式。

(2)由預備式，兩手臂向前平伸，高與眉齊，掌心向下，五指向前（圖3－177）。

(3)承上式，右手向左再向右，水平畫圈；同時，左手向右再向左，水平畫圈，高與眉齊，均掌心向下，手指

圖3－178

圖3－179

向前。在兩手臂畫圈的同時，上右步再上左步，小碎步向前走（圖3－178）。

先上左步，左右同式。

【要點】

(1)全身放鬆，以脊背帶動雙手臂左右畫圈。

(2)雙臂畫圈根據不同情況，可高可低。手臂要鬆，不可用力。步法大小快慢與手配合協調好。

【功用】活動脊背、肩、肘、腕、胯、膝、足。兩手攻擊點是對方眼眉，即是掃眉，以及格化對方面前來手。

41. 拽掌

(1)同前「劈山」預備式。

(2)由預備式上右步，右手掌向前撩，掌心向上，手指向前（圖3－179）。

(3)承上式，右足足掌點地向後提半步。右手從左上方向下作摟手，左手從右上方向下作摟手，雙手臂屈肘護

圖3－180　　圖3－181

肋，左手在前掌心轉向後，右手在後，掌心轉向前（圖3－180）。

(4)承上式，右手向前拽掌，高與肩平；同時，左手攏胸護肋。在右手向前打出的同時，右足向前續進半步，站成「弓蹬步」（圖3－181）。

(5)繼續練，右足向前墊步，上左步左手向前撩，同上式。

先上左步練，左右同式。

【要點】左右手指摟手向前拽掌，用背力帶動手動作，全身要放鬆，拽掌到終點要抖腕，由拳變掌手指屈扣。

【功用】手向前撩，引對方出手為虛招；左右手摟，化對方來手；拽掌打擊點為對方華蓋穴，或擊其面部。

42. 單貫耳錘（裹橫炮）

(1)同前「劈山」預備式。

(2)由預備式，右足向前進一步，膝向前弓。右手隨進步向前撩，掌心向上，高與肩平；同時，左手摟刨右小臂，然後屈肘護肋，掌心向下（圖3－182）。

(3)承上式，左腿向右腿後掖步，身形向下蹲。左手由右臂下向前穿出，手心向下，手指向前（圖3－183）。

(4)承上式，右足向右閃進一步，膝向前弓。右手握拳橫向左上方擊出，拳眼衝下，高與頭齊。同時，左足向右後方掖步，身形變為面向左方。同時，左手掌迎擊在右小臂上（圖3－184）。

(5)繼續練，仍上右步，右手向前撩，同上式。

【要點】拳擊以背力帶動手臂，掖步、拳擊同時，動作。

【功用】前手撩引對方出手，穿掌化解對方來手，拳擊對方頭部顳顬穴。

圖3－182　圖3－183　圖3－184

43. 轉身中拳

(1)同前「劈山」預備式。

(2)由預備式，左足向前進一步。左手握拳置身前，右手握拳屈肘貼肋，拳眼均向上（圖3－185）。

(3)承上式，上右步足尖向左扣，以足掌為軸，身形由左向後轉，左腿向後撤。同時，右手握拳向前水平擊出，左手臂屈肘貼肋，拳眼向上（圖3－186、圖3－187）。

(4)繼續練，墊右步上左步，以左足掌為軸向後轉身，足尖轉正，右步向後撤。左手成拳向前水平擊出，右手屈肘護肋，同上式。

【要點】出手要中正，前後手一條線，拳向前擊。雙手同時成拳，同時張開手。手張開屈指，手指離開縫似爪形。轉身以身法帶動手臂向前擊，轉身要小架勢，向後撤之足足掌不離地。

圖3－185　圖3－186　圖3－187

【功用】

(1)鍛鍊身法，閃展靈活。拳擊後面來襲者。

(2)拳擊敵心窩穴。

44. 反背四錘

(1)同前「劈山」預備式。

(2)由預備式，上右步。同時，右手臂掄起，向外揚至右胯外側（圖3－188）。

(3)承上式，左手臂掄起向前劈下，劈至左腿裡聯；右手掄起劈下，至右腿裡側（圖3－189）。

(4)承上式，上左步。左手臂從後掄起向前劈下，至左腿裡聯；同時，右手屈肘護肋（圖3－190）。

(5)繼續練，再上右步。右臂向右掄起，向外揚至右胯外側；同時，左手加合搭於右小臂，左右手臂掄劈同上式，左右同式。

【要點】以背帶動手臂上揚下劈，雙手臂要鬆開，如

圖3－188

圖3－189

圖3－190

鞭如繩，不要用拙力。

【功用】鍛鍊劈、擂、搧、抽、撥之力。揚手格對方來手，拳劈對方頭面部，或截擊對方來手。

45. 崩拳

(1)同前「劈山」預備式。

(2)由預備式，雙手成拳置於胸前，拳心向上，拳眼向前（圖3－191）。

(3)承上式，左足向前墊半步，上右步。同時，右手拳向前水平擊出，高與心口平；同時，左手拳從右小臂上撤回，貼胸護肋，拳擊出後，雙掌同時，張開，掌心向上（圖3－192）。

(4)承上式，右足向前墊半步，上左步。雙手成拳，同上式左手拳，向前水平崩擊；同時，右手拳從左小臂上撤回。上步左右同式（圖3－193）。

【要點】拳向前崩擊，雙手同時握拳，然後同時張

圖3－191

圖3－192

圖3－193

開。拳向前崩有向上挺之勢，勁的焦點在腕的脈門處，以背帶手臂向前崩擊，向前與後撤兩小臂互相擦碰，以增加拳崩擊力度。

【功用】鍛鍊手臂崩、挑之力，向上崩擊對方在中平來攻之手臂，一般情況下，擰步側身斜方向抬臂上崩。

46. 反撩陰掌

(1)同前「劈山」預備式。

(2)由預備式，右足向前半步，虛步足掌點地。同時，右手向前撩，掌心向上，手指向前，高與心口平；左手就勢向後撩，指尖向下，掌心向後（圖3－194）。

(3)承上式，右足微抬起隨即落地，左足借右足落地之勢，提膝抬起。右手猛向後翻掌撩出；同時，左手掌向前撩，以助後撩之勢（圖3－195）。

(4)承上式，左足落實，身形向右後方轉身，變為右足在前。右手掌心向上，向上前方翻掌摔擊，然後變為掌心向下，撤回肋下，左手向前穿出（圖3－196）。

(5)承上式，右足向前續進半步。右手成拳向前水平擊出，高與心口平；同時，左手從右小臂上摟回，屈肘護肋（圖3－197）。

【要點】第二式向後反撩，要急猛快，前後手撩方向相反，但前後撩的是一個整勁。

【功用】用於攻擊身後來襲者，撩的部位是襠部，回身摔掌擊敵面部，中拳擊其胸腹。

47. 抖翎手

(1)同前「劈山」預備式。

圖3－194　圖3－195　圖3－196

圖3－197　圖3－198　圖3－199

(2)由預備式，左足向前墊半步，隨即上右步，虛步足掌點地。在上右步的同時，雙手臂向前搭在一起，向上揚，然後左右分開，分別落在兩胯外側（圖3－198）。

(3)承上式，雙手手腕搭在一起，右手在上在前，虎口均向上，雙手向前上方抖腕，手背向前，虎口向上，高過頭頂。兩足續進半步（圖3－199）。

圖3－200

(4) 承上式，雙手同時下落，屈肘從胸前左右各畫一個立圈，落在左右胯前兩足續進半步（圖3－200）。

(5) 繼續練，墊右步，上左步。雙手臂搭在一起向上揚，均同上式。

(6) 右足墊步，先上左步練，左右同式。

【要點】雙手臂向上揚，及抖手腕向外擊，皆以背帶動手臂。

【功用】鍛鍊手臂揚、挑、劈、砸、抖之力，與腕的摔、擊、抖力。手臂上揚搭挑對方大臂，斷其根，抖腕用手背擊對方面門，雙手下落摟刨對方來手。

48. 鶴行步中拳

(1)預備式。立正姿勢，頭正項直，全身放鬆，空胸緊背，兩目向前平視，平心靜氣，呼吸自然，同「劈山」預備式。

(2)由預備式，左足向前墊半步，右足足掌擦地向前踢撩，高與膝蓋平，左腿屈膝，右腿腳面崩平。

(3)兩目平視，在右足向前踢的同時，左手向前穿出，手指向前，掌心向下，高與眉齊；右手屈肘貼肋，掌心向下，手指向前（圖3－201）。

(4)承上式，右足落地。同時，右手成拳，向前水平擊出；左手從右小臂上摟回。左足抬起隨即落實（圖3－202）。

圖3－201　　圖3－202　　圖3－203

(5)繼續練，左足落地，右足抬起。左手向前穿，右手中拳向前水平擊出，同上式。

【要點】上步進身式子要低，沉腰坐胯，後腿屈膝。出手要中正。前足連續向前踢撩，步直往前進。穿掌要探背鬆肩。

【功用】鍛鍊步法、身手協調動作。穿掌擊點為對方面部與咽喉，足連續直進對方中門，中拳擊對方胸腹，足踢撩對方膝蓋以下部位。

49. 列心掌

(1)同前「鶴行步中拳」預備式。

(2)由預備式，左足向前墊半步，右足提膝，左腿屈膝，鬆腰沉胯。同時，左手立掌，向前水平擊出，五指微屈向上；右手屈指向下，掌心向前，往回勾掛（圖3－203）。

(3)承上式，右足落地，左腿提膝。轉為左手指向

圖3－204

圖3－205

下，右手轉為手指向上，隨提膝之勢，右手立掌向前水平擊出；同時，左手屈指往回勾掛（圖3－204）。

換步左右同式。

【要點】

(1)提膝意念膝蓋貼腹，足尖上蹺，身形小架勢。

(2)前擊後撤皆以背帶動手臂，手向前三成勁，手向回勾掛七成勁，回手如勾著重物，雙手手指屈扣掐勁如同拉弓，前後手一個整勁。

【功用】鍛鍊手的推、闖、撞、勾、帶之力。手往回勾掛，是為掛帶對方來手，掌向前擊點為對方心口部位。

50. 狗閃

(1)同前「鶴行步中拳」預備式。

(2)由預備式，上左步。左手向前穿出，右手摟左小臂補助（圖3－205）。

(3)承上式，上右步，身形斜向左。同時，右手握拳

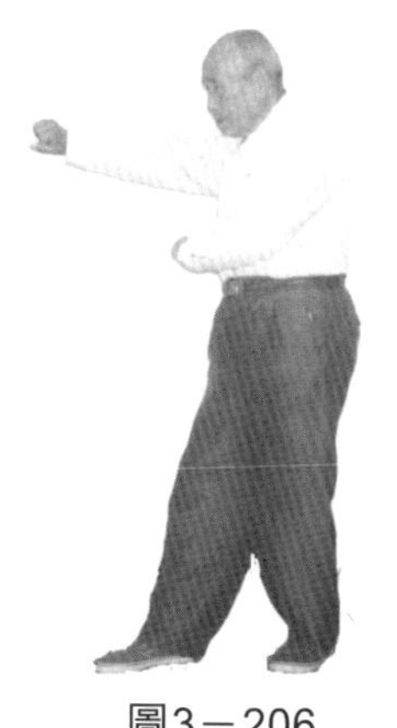
圖3－206

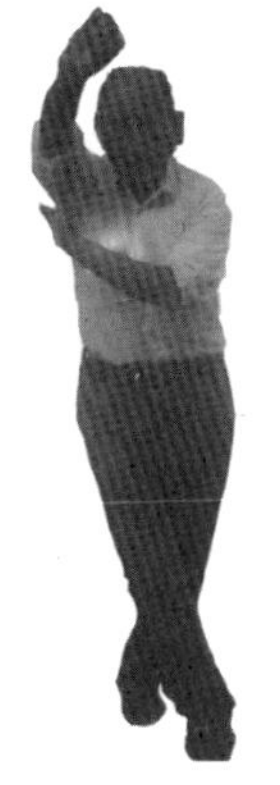
圖3－207

圖3－208

（圖3－206）。

(4)承上式，身形向後轉，左足向後拉撤。就轉身之勢，右拳向前方反腕擊出，高與頭齊；同時，左手補助右小臂，以助右拳擊打之勢（圖3－207）。

【要點】轉身要快，拳擊要疾，拳掄擊轉身以腰帶動。

【功用】鍛鍊以腰帶動身法。擊點為對方後腦玉枕穴。

51. 穿手拍掌

(1)同前「鶴行步中拳」預備式。

(2)由預備式，右足懸起。左手向前由右向左穿，高與心口平，掌心向上，五指向前；右手從左小臂上摟回，屈肘護肋，掌心向下，五指斜向前方（圖3－208）。

(3)承上式，左足懸起，右足落地。右手向前由左向右穿，高與心口平，掌心向上，手指向前；左手從右小臂

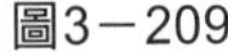
圖3－209

圖3－210

上摟回，屈肘貼肋，掌心向下，五指斜向右前方（圖3－209）。

(4)承上式，左足向前一步。左手向前拍擊；同時，右手摟刨左小臂，屈肘貼肋。右足懸起（圖3－210）。

(5)繼續練，右足落地。右手向右前方穿出，左足抬起，同上式。

先練左足懸起，右手穿，左右同式。

【要點】

(1)步法似「瘸腿折腰」步法，向左或向右，步子大小可不拘格式。全身放鬆，拍掌探背鬆肩，拍出時掌有向前搓扣之勢。

(2)拍掌時，鬆腰胯足下踩，頭頂項挺。

【功用】鍛鍊手的穿、摟、鑽、翻、拍、撲、拽的勁法，身法、步法、手法相互協調一致。穿掌化解對方來手，拍掌擊對方頭面部。

52. 轟臉照鏡

(1)同前「鶴行步中拳」預備式。

(2)由預備式，右足向前墊一步，隨即跳左步，並帶動右腿再向前，擦地向前踢，足尖上蹺。在右足墊步時，右手從胯旁順胸前向前伸出，掌心向上，指尖朝前；同時，左手補助於右小臂裡側（圖3－211）。

(3)承上式，在右足擦地向前踢時，雙手臂撤回胸前，分左右兩側，向前上方合擊，兩掌心合在一起，指尖朝上，高與眉齊（圖3－212）。

(4)承上式，右足向前踏地站穩，站成「右弓箭步」。雙手翻掌向前水平撞擊，掌心朝前，指尖併攏朝上，高與眉平（圖3－213）。

換步左右同式。

【要點】向前踢要用腰力帶動。

【功用】鍛鍊足的踢力，手的拍、撲力。雙手合拍擊點為對方兩耳，雙手向前撞擊，為對方面部。

圖3－211

圖3－212

圖3－213

圖3－214

53. 鷹翻中拳

(1) 同前「鶴行步中拳」預備式。

(2) 由預備式，上右步。左手握拳置腹前，右手臂屈肘護肋。

(3) 承上式，右足抬起即落地，以右足掌為軸，左足抬起，身形向右後方轉180°左足進步著地。同時，左手拳向前擊，拳心向上，右手屈肘護肋（圖3－214）。

(4) 繼續練，左足抬起即落地，右足抬起。雙手握拳，左手在前，右手在後屈肘護肋。用脊背將身提起，以左足掌為軸，向左後方轉身。右手握拳前擊，同上式。

【要點】手握拳在身形向後轉時，拳對準自己心口，用背將身形提起，拳向前擊。

【功用】鍛鍊身法輕靈活快。拳擊身後來襲之人，拳擊點為對方心窩部位。

圖3－215

54. 五花炮

(1) 同前「行步劈山」預備式。

(2) 由預備式，兩手握成平拳。左腿向前邁一步，足尖向外撇。左手拳順胸前向前方反背擊出，拳心朝上，拳面朝前，高與臍平（圖3－215）。

(3) 承上式，右足向前邁一步，屈膝前弓，站成「右弓箭步」。右拳由後向上向前劈下，拳背貼於右胯裡側，拳面朝前，拳眼朝上；左臂屈肘護肋，拳面朝前（圖3－216）。

(4) 承上式，全身不動，右拳向前上方崩挑擊出，拳面朝前，拳眼朝上，與胸對正（圖3－217）。

(5) 承上式，左腿向前邁下，站成左弓箭步，左手拳順右臂下向前擊出，拳面朝前，拳眼朝上；同時，右手從左臂上面撤回，屈肘貼肋，手護前胸（圖3－218）。

(6)承上式，右足向前邁一步，站成右弓箭步。右手拳從左臂下面向前擊出，拳面朝前，拳眼朝上，高與胸平；同時，左手拳從右臂上面撤回，屈肋貼肋，拳護前胸（圖3－219）。換步左右同式。

【要點】兩手握拳，發手全用拳，所以名炮，即拳擊暴發之謂。此拳練的是舒展暴力，劈、擂、掉、搠、穿、

圖3－216　圖3－217　圖3－218　圖3－219

崩、彈、力勁法。練時頭頂腰挺，沉胯足蹬，全身合為一個整勁。

【功用】手反背向外擊，手臂崩、挑都是截擊對方來手，拳中平前擊著力點為對方心口部位，手回撤摟小臂，為增加拳的前擊力度。

55. 撞掌

(1)同前「鶴行步中拳」預備式。

(2)由預備式，右足在前。右手屈肘立掌，掌心向前，手指變曲微扣；左手屈肘胸前，掌心向前，手指向下（圖3－220）。

(3)承上式，上右步。右手掌向前水平擊出，高與心口平；在右手向前擊的同時，左手掌向後撤（圖3－221）。

(4)承上式，右腿向右橫移半步，上左步。左手掌轉腕變為掌心向前，手指向上，立掌向前水平撞擊，高與心口平；同時，右手翻掌，指尖向下，掌心向前，向後撤至腹前，屈肘貼肋護胸（圖3－222）。

圖3－220　圖3－221　圖3－222

(5)繼續練，左腿向左橫移半步，上右步，右手立掌向前擊，均同上式，換步練左右同式。

【要點】手向前撞擊用三成勁，手向回撤七成勁，前後手方向相反，但是一個整勁，頭頂項挺，用背力帶動雙手動作。

【功用】鍛鍊手的撞、抽、勾、帶之勁法。手向前撞擊點為對方華蓋穴，手向回抽撤為化解對方來手，並借回撤之力，加大前手撞擊力度與速度。

56. 三環炮

(1)同前「行步劈山」預備式。

(2)由預備式，兩手握成平拳。左腿向前邁一步，足尖斜向外撇。左手拳由胸前反背向前擊出，拳背朝下，拳面朝前，與胸平齊，與左足上下對正（圖3－223）。

圖3－223

(3)承上式，右腿向前邁一步，同時，身形向左轉90°，兩腿屈膝下蹲，站成「騎馬式」。同時，右手拳由後向上向前劈下，拳背貼於右胯裡側；同時，左臂屈肘貼肋，拳心朝上，目向右視（圖3－224）。

圖3－224

(4)承上式，身形向右轉90°，站成「右弓步」。左手拳向右上前方擊出，拳面朝前，拳眼朝上，高與頭平；同時，右手拳撤回，屈肘貼肋，拳心朝上，拳面朝前，目向前平視（圖3－225）。

(5)承上式，身形向左轉90°，站成「騎馬式」。右手拳向前擊出，拳眼朝上，拳面朝前，高與臍平；同時，左手拳撤回，屈肘貼肋，拳心朝上，目向前視（圖3－226）。

換步左右同式。

【要點】拳擊出後沾衣成拳，上步鬆腰沉胯。

【功用】拳向上擊對方頭面，中平拳擊對方心窩穴，拳向下劈對方太陽穴及肩部，出手反背擊對方來手。

57. 雄鷹出群

(1)同前「鶴行步中拳」預備式。右足向前墊半步。

(2)上左步，趁左步未落地之時，右足足掌擦地向前踢出。同時，雙手臂從左右兩側抬起，在右足擦地前踢之際，兩手向前劈下，劈至兩胯裡聯（圖3－227）。

圖3－225　圖3－226　圖3－227

(3)承上式，上左步。兩手同時從肋下搭在一起，向上分開擄出肋下（圖3－228）。

(4)承上式，右腿向前邁一步。右手向前穿，掌心向下，手指向前，高與心口平；左臂屈肘護肋，手指向前，掌心向下（圖3－229）。

繼續練，墊右步，上左步同上式。

【要點】上步要輕靈，向前踢墊要疾，不要踢得太高，手腳齊到。

【功用】鍛鍊身法、步法及足的踢撩，鍛鍊手的劈、斬、擄、帶勁法。雙手劈對方兩肩，左右擄帶對方來手，足踢對方膝蓋以下迎面骨。

58. 黃龍轉身

(1)同前「行步劈山」預備式。

(2)由預備式，右足進步。右手向前作引手，掌心向上，高與肩平（圖3－230）。

圖3－228　　圖3－229　　圖3－230

圖3－231　圖3－232　圖3－233

(3)承上式，上左步。左手掄起屈肘，高與肩平，手心向下，與右手相對，左手在上（圖3－231）。

(4)承上式，撤右步面轉為向後，右手臂向上翻，左手臂向下翻，變為右手在上，左手在下，轉為雙掌向後，用腰力向右後方橫擊（圖3－232）。

（5）繼續練，墊右步，右手向前引手，同上式。

【要點】雙手臂左右橫擊，以腰帶動，肩不動，借腰帶動身形橫擊。

【功用】鍛鍊腰、背轉動靈活。雙手擊點為後面敵人軟肋部。

59. 猛虎轉身

(1)同前「鶴行步中拳」預備式。

(2)由預備式，右足向前邁一步，站成「右弓箭步」。右手握拳向前擊出，拳眼朝上，拳面朝前，高與心口平；同時，左手掌補助右小臂裡側（圖3－233）。

圖3－234　　圖3－235　　圖3－236

(3)承上式，右手拳變掌，轉為掌心朝外，小指在上成「攔掌式」（圖3－234）。

(4)承上式，上左步，以左足為軸向右轉半面180°。左手握拳向前擊出，拳面朝前，拳眼朝上；同時，右手從左小臂上撤回，屈肘貼肋，手鬆握拳。同時，右足隨勢反掃腿，轉到體後站穩（圖3－235）。

(5)承上式，左足提起，向後拉半步，站成左虛步，右實步，眼看前方（圖3－236）。

【要點】轉身要矮身，不要低頭貓腰。

【功用】鍛鍊身法變轉閃展。攔掌化對方來手，掃腿掃對方足，拳擊對方胸部。

60. 猿猴出洞

(1)同前「鶴行步中拳」預備式。

(2)由預備式，右腿向前邁一步，足掌點地，站成虛實步。右手向前上方擊出，掌心朝上，手指向前，與鼻尖

對正；同時，左手在右小臂上面摟回，屈肘貼肋護胸（圖3－237）。

(3)承上式，右足落實，左腿向前邁一步。左手由右臂下面向前穿，右手掌向回微撤，隨即向前擊出，掌心朝下，手指尖向前，與鼻尖對正；同時，左手攏胸護肋（圖3－238）。

(4)承上式，左手掌反背向前擊出，掌心朝上，手指向前，五指微屈（圖3－239）。

(5)承上式，右腿向前邁一步，站成「右弓箭步」。右手掌向前拍擊，拍出變勾手，勾頂衝上，勾尖衝下，與鼻尖對正；同時，左手屈肘護肋（圖3－240）。繼續練，右足變虛步，右手作引手前擊。

換步左右同式。

【要點】身形要小架勢，出手三尖對正。

【功用】鍛鍊身法步法。穿擊、摔掌、拍掌皆奔對方面部。

圖3－237

圖3－238

圖3－239

61. 朝天佐

(1)同前「行步劈山」預備式。上左步。

(2)承上式，隨即上右步向前踢。同時，右手向前上方揚起，掌變拳高過頭頂；同時，左手摟刨右小臂，屈肘置腹前，掌心向下，手指向右（圖3－241）。

(3)承上式，上右步落實。同時，右手拳向下劈，劈至右胯外側；左手攏胸護肋。在拳下劈右足落地的同時，左腿跟進提膝為虛步（圖3－242）。

(4)繼續練，左足落地，右足向前踢。同時，右手向上揚，同上式。

換步先上右步，左右同式。

【要點】手足起落要協調一致，連續向前進步踢撩，連續劈挑。

【功用】

(1)鍛鍊手臂的劈、砸、掉、崩、挑勁法，鍛鍊足向

圖3－240　　圖3－241　　圖3－242

前踢的速度與力度。手上揚、崩、挑對方來手，劈對方頭面，足踢對方膝下迎面骨。

(2)上下手足齊出，使敵顧上失下。

62. 掰搧

(1)同前「行步劈山」預備式。

(2)由預備式，左足向前一步，足尖向外撇。同時，左手向左前方穿出，掌心向上手指向前，高與心口平；同時，右手屈肘貼肋，在左手穿出的同時，右手向下向前畫一小圈，變為掌心向前，手指向右（圖3－243）。

(3)承上式，右足向前一大步。同時，右手向後再向前掄劈，至右胯裡聯，身向前傾，右手手掌向左，手指向下；左手同時攏胸護肋，手指向上，目向前視（圖3－244）。

(4)承上式，右足向右移挪半步。同時，右手臂向右前上方揚挑，掌心向左，手指向前；左手向左下方伸展，掌心向右，手指向左（圖3－245）。繼續練，墊右步進左

圖3－243　圖3－244　圖3－245

步，同上式。

【要點】手臂向前掄劈要鬆肩，手臂如鞭。步向後移挪，手臂向上挑向外伸展，兩個動作同時，發生，打出一個向後靠打的整勁。

【功用】穿手化對方來手，掄臂劈截對方雙手臂根，進大步控制對方身體，移步手臂上下分三勁合一，靠擊對方上身，使其向後傾倒。

63. 擄手炮

(1)同前「行步劈山」預備式。

(2)由預備式，左足向前墊一步，右足向前進一步，足尖向外撇。同時，右手掌掌心向下，手指向前，由右向左再向前向右下方畫一圈，手心向內，手指斜向下；同時，左手配合，向前向右畫平圓，刨右小臂補助，仍回到左胯前（圖3－246）。

圖3－246

(3)承上式，上左步。左手向上高與頭齊，成拳向下劈至左腿裡聯，拳眼朝前，拳心向上；同時，右手摟刨左小臂，以助其勢。然後右手屈肘攏胸護肋，手心向左，手指向上（圖3－247）。

圖3－247

(4)繼續練，墊右步進左步，

左手下擄，同上式。

先墊右步進左步，左右同式。

【要點】

(1)擄手手掌斜向下方，手形如鷹爪，加重向下向後意念，使對方再無法將手抬起來，以免對方手脫掉抽走。

(2)拳向下劈要疾快，拳隨向下劈手臂向外翻滾，手劈下成拳。

【功用】手畫圈控制對方來手，拳下劈截對方臂根部，或劈其頭面部。

64. 仙人指路

(1)同前「行步劈山」預備式。

(2)由預備式，左足向前一步。同時，右手手心向下，由右向左再向前水平畫一平圈；左手手心向下向右刨右小臂，再向左畫圈，接著再向右前方畫圈，仍手心向下（圖3－248）。

(3)承上式，右手接上式轉到左臂上方，食指中指平伸，向前上方穿擊，手心向下，同時大指無名指小指作彎曲狀；在右手向前穿擊的同時，左手屈肘胸前，手心向下，手指向右。在右手向前穿的同時，右足前進一步虛步（圖3－249）。

(4)繼續練，右足向右前方墊步，上左步。左手向前穿擊，同上式。

先進右步練，左右同式。

【要點】雙手水平畫圈，意念如手掛著東西，手向前穿中指食指分開，手掌手指要挺勁，以背送手。

圖3－248

圖3－249

圖3－250

【功用】雙手畫圈化開對方來手以及防護自身。手向前穿，目標是對方雙眼。

65. 雞形掌

(1)同前「行步劈山」預備式。

(2)左足向前墊半步，上右步虛步提膝。右手同時作勾手，向上提，高與頭齊，小臂垂直；左手摟刨右小臂補助其勢（圖3－250）。

(3)承上式，右足向前續進一步。同時，右手勾手張開向前打，左手摟刨右小臂補助，然後屈肘護肋，手心向右，手指向上（圖3－251）。

圖3－251

(4)繼續練，墊右步上左步，左手勾手向上提，同上式。

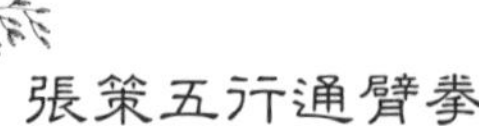

先墊右步上左步練，左右同式。

【要點】手變爪形向前打，要沉肩墜肘，以脊背力向前打，五指由爪形突然張開，手指要有挺力，手打的方向為前下方。

【功用】擊打對方華蓋穴或面部。

66. 雙合掌

(1)同前「行步劈山」預備式。

(2)由預備式，右足向前一步，作虛步足掌點地。同時，右手向前作引手，手心向上手指向前，高與眉齊；在右手向前作引手的同時，左手摟刨右小臂補助，然後屈肘胸前，手置右臂下方，手指向右，掌心向下（圖3－252）。

(3)承上式，右足墊步，左足前進一步。同時，雙手左右分開，掌心向下，手指斜向前，臂微屈，前後與肩垂直（圖3－253）。

(4)繼續練，進左步，隨即上右步。右手向前作引手，同上式。

圖3－252

圖3－253

先上左步，左手向前作引手，左右同式。

【要點】雙手掌向前打，頭向上頂，背向後崩，足往下踩，腰胯下沉，動作同時，發生，打出全身整勁。

【功用】引手為試探虛招，雙手左右分化開對方來手，雙手向前打對方華蓋穴。鍛鍊手足配合，打出全身整勁。

67. 鷹翻穿掌

(1)同前「行步劈山」預備式。

(2)由預備式，左足向前墊步，右足前進一步。同時，右手向右前上方穿出；同時，左手屈肘護肋，手心向內，手指斜向上。右足隨右手上穿之勢，足尖向右前方續進（圖3－254）。

(3)右足墊步，進左步。左手向上穿，同上式（圖3－255）。

(4)先墊右步上左步。穿左手，左右同式。

圖3－254

圖3－255

【要點】手向前上方穿用背力，以身法帶動手臂，隨穿手臂向外翻滾、鑽翻。

【功用】與敵交手近距離，以身法帶動手臂穿敵臂根部，斷其根，使其身站不穩跌出。

68. 擄帶穿心炮

(1)同前「行步劈山」預備式。

(2)左足向前墊步，上右步。在上右步的同時，右手由左向上再向右擄下，右手落在右胯外側，掌心向下，手指斜向下；在右手向下擄的同時，左手摟刨右小臂補助（圖3－256）。

(3)承上式，上左步。同時，左手向前作搭摟手，右手屈肘護肋（圖3－257）。

(4)承上式，上右步。右手中拳從左臂下前擊；同時，左手摟刨右小臂，以助其勢，然後屈肘護胸，手心向右，手指向上（圖3－258）。

(5)繼續練，向前墊右步上左步。左手向下擄，動作

圖3－256

圖3－257

圖3－258

同上式。

先上左步練，左右同式。

【要點】擄手要用手掌斜向下壓，以防對方手再抬起走脫。中拳打出沾衣成拳。補手回刨用七成勁，拳前擊三成勁。

【功用】擄手控制對方來手，中拳擊對方胸腹，搭摟手及屈肘胸前皆是防護自身，免被敵人所乘。

69. 挑山掌中拳

(1)同前「行步劈山」預備式。

(2)由預備式，左足向前墊半步，上右步。右手隨向前作挑掌式，掌心向右，手指向前；同時，左手扶右小臂補助（圖3－259）。

(3)承上式，上左步。同時，左手中拳向前打出，右手從左小臂上摟回，以助其勢，然後屈肘護肋，手心向右，手指向上（圖3－260）。

(4)繼續練，再上左步。左手作挑掌式，同上式。

圖3－259

圖3－260

(5)先墊右步上左步。左手作挑掌式，左右同式。

【要點】手向前作挑掌式，用背力帶動手臂，向外向上翻滾。打中拳沉腰坐胯，沾衣成拳。向後摟刨手七成勁，中拳向前打三成勁。

【功用】挑掌化對方來攻之手，中拳打對方心窩穴。

70. 五鬼探頭

(1)同前「行步劈山」預備式。

(2)由預備式，上左步。同時，左手由右向左前方橫抹掌，右手同時與左手相反方向，由外向內畫圈補助（圖3－261）。

(3)承上式，上右步。右手同時作貫耳錘，向左前方打，左手扶右小臂（圖3－262）。

(4)承上式，左足向前踢。同時，雙臂屈肘護肋，雙手掌心向前，手指向上（圖3－263）。

(5)承上式，在左足落地時，左手向前穿掌，掌心向

圖3－261

圖3－262

圖3－263

下，手指向前，高與眉齊；右手屈肘貼肋，掌心向下，手指向前（圖3－264）。

(6)承上式，上右步。右手中拳前擊，左手摟刨右小臂，以助其勢，然後屈肘護胸（圖3－265）。繼續練，再上左步。

【要點】抹掌手臂要隨勢向前向外翻滾。作貫耳錘手到擊點成拳。足向前踢高不過膝。中拳打出沾衣成拳。

【功用】抹掌擊敵上額，貫耳錘打對方頭部顳顬穴，足踢膝下迎面骨，穿掌擊對方面部，中拳打對方中脘穴。

71. 拓掌（塌掌）

(1)同前「行步劈山」預備式。

(2)由預備式，左足向前墊步，上右步。同時，右手作提手式，向上提手高與眉齊，勾手勾背向上；在右手上提的同時，左手摟刨右小臂以助其勢，然後屈肘護肋，掌心向前，手指向上（圖3－266）。

圖3－264

圖3－265

圖3－266

圖3－267

(3) 承上式，右足向前續半步，左足跟進。右手向前拓擊，手心向前，手指向上；同時，左手屈肘護肋（圖3－267）。

(4) 繼續練，墊右步，上左步。左手向上作提手，同上式。

【要點】手向上作提手變勾手，意念在勾背。拓掌用掌根向前打，手向前打，背向後崩，頭上頂足下蹬，沉腰坐胯。

【功用】拓掌擊敵華蓋穴及胸部，提手打擊敵來攻之手，手向上提擊敵下頦。

72. 獅子抖鈴

(1)同前「行步劈山」預備式。

(2)由預備式，上左步，右足抬起，右胯懸起。同時，左手向左前方穿出，手心向上，手指向前；右手摟刨左小臂補助，然後屈肘腹前，手心向下，手指向左（圖3－268）。

(3)承上式，右足向右前方落地，左足抬起左胯懸起。右手同上式，向右前方穿；左手摟刨右小臂補助，然後屈肘腹前，同上式（圖3－269）。

(4) 承上式，左足落地，右足抬起，右胯懸起。左手向前穿，同上式。

(5) 承上式，右足向前一步，右手中拳向前打出，右足落地；左足抬起，同時左手摟刨右小臂以助其勢，然後

圖3－268　　圖3－269　　圖3－270

屈肘護肋（圖3－270）。

【要點】此式步法為「瘸腿折腰」步法，練時全身放鬆，呼吸自然，操練日久功深，內外相合，一氣貫通，方可打出快如電閃，威似雷霆之勢的爆發力。

【功用】鍛鍊內外相合，發手捷剛，動手時，在哼哈聲中，爆發出周身整勁。

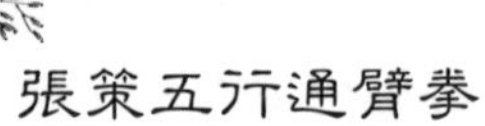

第四章　套　路

第一節　拆 拳

通臂拳拆拳，為各單式組合之套路。通臂拳單式很多，拆拳中所取不過其中一部分而已。練時以單式為主，因單式為基礎，根基固習，此道身心相應，然後致之實用，無往不利，所謂神而明之。拆拳分六路三十四節。分述於後。

1. 清風蹬式

(1)預備式。立正姿勢，頭正身直，吸胸緊背，二目平視，呼吸自然，氣沉丹田，精神集中（圖4－1）。

圖4－1

(2)右足向前一步，作虛步。兩臂屈肘肋旁，兩手置左右胯外，手心向下（圖4－2）。

(3)兩手自胯上前伸，分左右各畫一圈，還至胸前，手心向下（圖4－3）。雙手再前伸，掌心向上，雙手撤回，由身前向左右向裡各畫一平圈（圖4－4）。雙手回歸肋旁，手心向上。

(4)承上式，兩掌向前推出，手心向前。同時，右足向前一步，左足跟進，作丁虛步（圖4－5）。

(5)承上式，兩手下落至足前作勾手（圖4－6），隨即上提，高過頭頂。同時，右足提起（圖4－7）。

(6)承上式，兩手同時，下落，分左右作雙撢手。右足落地，仍作虛步。兩臂垂直，略向外張，手心向前。

圖4－2　圖4－3　圖4－4

圖4－5　圖4－6　圖4－7

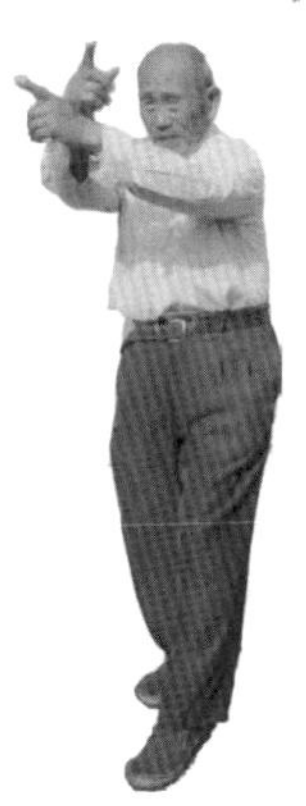
圖4－8

2. 搖身膀欹

(1)承上式，兩臂自左右上舉，高過頭頂，兩手交叉，分左右各畫一圈。同時，右足向前墊半步，進左步，右足再向前作虛步（圖4－8）。

(2)承上式，在上右步的同時，右臂向前平伸，手心向上，高與肩平；左臂屈肘胸前，左手藏於右肘下，立掌坐腕，手心向外（圖4－9）。

3. 閃展步

(1)承上式，右臂不動，右足向右橫開一步（圖4－10）。

(2)承上式，左足隨右足向前提一步，作虛步。同時，左掌自右臂下穿出，向前平伸，手心向上；右臂屈肘肋旁，手心向下（圖4－11）。

圖4－9

圖4－10

圖4－11

圖4－12

4. 撩陰掌腿

承上式，右手貼身下移，向前平伸，手心向上；同時，左手收回，屈肘腹前，手置臍上手心向內。右足向前踢起，膝微屈（圖4－12）。

5. 跨虎蹬山

(1) 承上式，右足落地。右手向左方作揚手，左手收至右腹前握拳（圖4－13）。

(2) 承上式，左手自腹前向右方作搭摟手，收至左腹前，手心向內（圖4－14）。

(3)承上式，右拳貼身上舉，向左前上方刺擊。同時，左足提起，向前蹬，足尖向左，足心向前，腿屈（圖4－15）。

6. 進步右群捉

(1)承上式，左足落地，作騎乘式。左手自右臂下橫

圖4－13

圖4－14

圖4－15

掌前推，右臂抽回，屈肘胸前，右手握拳，拳心向內（圖4－16）。

(2)承上式，右足前進一步。右拳自胸前移至右額旁，向前刺擊；左手貼右臂摟回，屈肘胸前，左手置右乳上，手心向內。右腿在前作「弓蹬步」（圖4－17）。

圖4－16

7. 推窗望月

(1)承上式，右足向右後方挪步，左足前進一步。同時，左手自右小臂下穿出，手心向外，兩臂交叉手前，右臂在上，左臂在下，手背相貼（圖4－18）。

(2)承上式，兩臂同時，上舉，分左右各畫一圈，向前平伸，雙手掌心向前，手指向上（圖4－19）。

圖4－17　圖4－18　圖4－19

8. 黑虎攔路

承上式，將雙足一輾，轉身成右虛步。同時，右手畫一橫圈，向外方斜伸，手心向右；左手屈肘胸前，掌心向前，大指向下（圖4－20）。

9. 進步左群捉

(1)承上式，右足前進半步。同時，右手向左前方穿出，左手握拳上舉至左頰（圖4－21）。

(2)承上式，向右前方進左步。左手拳向前刺擊，右臂屈肘胸前，右手置左乳上，動作如第六式右群捉，步法亦同（圖4－22）。

10. 引手

(1)承上式，左手下垂至左膝下，向外一攔，返至身後變勾手。

(2)承上式，右手自身前向前平伸，手心向上。同時，左足略向後移，作左虛步（圖4－23）。

圖4－20

圖4－21

11. 單劈搧

(1)承上式，左手自右臂下穿出，向前作一橫掌，指尖向右，手心向前；同時，右手下垂（圖4－24）。

(2)承上式，右足前進一步。右手自下舉起，斜向前方抽出；左手臂屈肘護胸（圖4－25）。

圖4－22

圖4－23

圖4－24

圖4－25

12. 撩陰掌

承上式，右手下垂，再自下向上托出，至臂與肩平，手心向上；左手置左胯旁，手心向後。同時，右足略向後移，作右虛步（圖4－26）。

13. 當場遞手

(1)承上式，右手下翻於胸前畫一圈，回至右肋下握拳。

(2)承上式，左手自左胯外起向前作一搭摟手（圖4－27）。

(3)承上式，右拳貼身上舉，至頦下向前撞擊。同時，左足提起。左手至右肋下，立掌腕（圖4－28）。

圖4－26　圖4－27　圖4－28

14. 金龍合口

(1)承上式，左足向前落地。雙臂交叉胸前，右手在上，左手在下在前（圖4－29）。

(2)承上式，左手變掌向左前方翻轉，手心向左；同時，右手變掌，向前抹左小臂，手向右翻，手心向前，兩

臂伸出，右臂微屈（圖4－30）。

圖4－29

15. 雲手

承上式，雙手由前向後，左手屈肘，掌心向上，右手屈肘，手心向下，貼身右移至腹，兩臂屈肘，兩掌貼於小腹，指尖向下，手心向前（圖4－31）。

16. 白猿獻果

承上式，雙手向上托，掌心斜向上，兩小指相對，兩臂屈，兩大臂貼於胸前。同時，右足向前提膝，屈腿於兩肘間（圖4－32）。

圖4－30

圖4－31

圖4－32

17. 靈貓撲鼠

(1)承上式，右足落地。同時，雙手下落在左右胯兩

旁，手心向前，手指向下（圖4－33）。

(2)承上式，左足前進一步。同時，雙臂自身旁上舉，高過頭頂，兩手臂向前伸，掌心向前，手指微屈向上，雙掌向前下方撲擊，落於左右胯上（圖4－34）。

18. 金雞抖翎

承上式，雙手分左右向上一抖，各畫一圈，回至兩乳前，手心向前。同時，墊右步，上左步（圖4－35）。

圖4－33　圖4－34　圖4－35

19. 推石入海

承上式，雙掌前推，兩臂直伸與肩平，兩手心向前，手指向上（圖4－36）。

20. 孤雁出群

(1)承上式，雙足一輾，由右方轉向身後。右掌隨身上前，翻至身後作刀手（反勾手）（圖4－37）。

(2)承上式，上左步前進一步，作虛步。左手向前平

伸作引手，手心向前（圖4－38）。小碎步前進（根據場地無定數）。

圖4－36

21. 飛蚪腿

承上式，左足落實，右足前進一步，左足墊一步，右足躍起作箭彈腿（雙飛腳）。同時，右手前伸，掌心向前；左手補於右肘內，手心向前方（圖4－39）。

圖4－37

圖4－38

圖4－39

22. 纏手撞鐘

(1)承上式，於右足未落地前，再墊一步，換左足向前。雙手在身前由右往左劃一圓圈，仍回至右肋下，握拳右臂屈肘肋旁，左臂屈肘腹前，雙手放置右胯側，拳心均

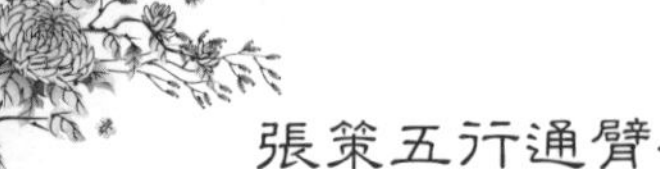

向下（圖4－40）。

(2)承上式，雙拳自右方向左前方崩擊，雙臂平伸，拳眼相對向內，拳心向下（圖4－41）。

23. 黑虎攔路

承上式，將雙足一輾轉身成右虛步。同時，右手畫一橫圈，向外方斜伸，手心向右；左手屈肘胸前，掌心向前，大指向下（圖4－42）。

圖4－40　圖4－41　圖4－42

24. 白蛇吐信

(1)承上式，右臂下垂，於身前畫一大圈，還至右肋下。

(2)承上式，左手上舉，作一搭摟手（圖4－43、同圖4－27）。

(3)承上式，右手自頦下向前平伸，手心向上。同時，左足提起，左手屈肘胸前，手心向內，此式與圈手法根相同（圖4－44）。

圖4－43

圖4－44

圖4－45

25. 四平炮

(1)承上式，兩臂下落交叉小腹前，右臂在下，左臂在上，兩手握拳（圖4－45）。

(2)承上式，兩拳向左前上方崩擊。同時，左足落地前進一步，作「弓蹬步」（圖4－46）。

圖4－46

26. 迎門掌

承上式，雙足一輾，回身向後。雙手收至腹前，左手自下起至頦下，伸掌向前方拍擊，手心向下。同時，左足前進一步，作左虛步。右手屈肘胸前，手心向上（圖4－47）。

27. 列門掌

承上式，右手自左臂下穿出，至兩手交叉時，雙腕一擰左臂抽回，左臂探出，手心則向下。同時，右足前進一

圖4－47　　圖4－48　　圖4－49

步，作右虛步（圖4－48）。

28. 抹眉橫

承上式，左手自右臂上橫抹出，右手收回，屈肘與肩平，手在右頰旁，拇指疊於掌心內，手心向上。同時，左足前進一步，作虛步，兩腿微屈，足尖及上體轉向右頭側，腰向後坐，如拉弓式（圖4－49）。

29. 栓馬式

(1)承上式，右手下落，隨右足向右後方畫半圓形，向後撤作「弓箭步」（圖4－50），右足在前。

(2)承上式，右手上提，左手下按，手心均向下，兩手在胸前同時作纏絲狀，畫兩個橢圓形圈，右臂屈肘，橫掌額前，離額約半尺許，指尖向左，手心向前；左手垂臂身前，伸掌下按，指尖向右，手心向下（圖4－51）。

30. 裹身炮

(1)承上式，左手向身後一摟，轉身作左虛步。右手

圖4－50　　圖4－51

圖4－52　　圖4－53

由額前下落，向前撩作引手，高過頭頂，掌心向後。左足向前墊一步，右足向前跳一步，左足落實（圖4－52）。

(2)承上式，右拳由右下方向左上方橫擊，作貫耳拳；左手屈肘胸前，補於右臂內側肘拐彎處。同時，左足後撤，作「右弓箭步」（圖4－53）。

31. 鬧拳法

(1)承上式，右臂由左向右畫一半圓，垂於右腿旁握拳。同時，右足尖轉向右（圖4－54）。

(2)承上式，左手作一搭摟手，屈肘胸前，左手握拳，手心向前。同時，左足前進一步（圖4－55）。

(3)承上式，右拳自右下方貼身由左臂上向左上方衝擊，目向左視，手心對鼻端。同時，右足向左足後透一步（圖4－56）。

32. 纏腰橫

(1)承上式，左手握拳向左上方橫肘作格架式。左足向左橫進一步。同時，右手抽回，握拳由左向右，拳心向前。

(2)承上式，右拳由右耳前斜向左下方擊打，手背向前，手心斜向內。同時，右足向左足後透一步（圖4－57）。

圖4－54　圖4－55　圖4－56

圖4－57

圖4－58

圖4－59

33. 如封似閉

承上式，左足後撤半步，轉身向右，作右虛步。右手經身前上起伸臂額前，左手屈肘胸前，左手在右肘下，手心向下（圖4－58）。

34. 收式

(1)承上式，兩手下落。

(2)承上式，兩手上舉至額前，手心向內分左右下落。同時，右足收回，還原立正（圖4－59）。

通臂拆拳歌訣

(1) 內貯精神外示安	(2) 蹬峰請示問根源
(3) 搖身膀敧快如電	(4) 列門跳起閃戰步
(5) 撩陰掌腿首尾連	(6) 跨虎蹬山上下招
(7) 右手擒捉敵難逃	(8) 推窗望月腰胸間
(9) 黑虛轉身把路攔	(10)左手擒捉敵膽寒

(11)引手誘敵變化高　(12)進步劈搧虎抽鞭
(13)撩陰掌法打下陰　(14)當場遞手上下分
(15)金龍合口雙掌進　(16)雲手左右勢法真
(17)白猿獻果腿相連　(18)靈貓撲鼠快似箭
(19)金雞抖翎騰身起　(20)推石入海似推山
(21)孤雁出群行步走　(22)十安飛蚪腿法奇
(23)纏手撞鐘打胸腹　(24)黑虎轉身把路橫
(25)上撣下摟蛇吐信　(26)上步打出炮四平
(27)轉身迎門掌即到　(28)迎門列門緊相連
(29)單手抹眉橫進步　(30)轉身摟膝栓馬式
(31)裹身炮打單貫耳　(32)鬧拳法斜身藏手
(33)纏腰橫打腰腹間　(34)如封似閉歸本源
(35)愛好朝夕仔細參

第二節　野馬奔槽

圖4－60

預備式：立正姿勢，頭正身直，吸胸緊背，全身放鬆，呼吸自然，二目向前平視，精神集中（圖4－60）。

1. 摟手摔掌

(1)由預備式，左足向前一步，站成「四六步」。右手向前作摟手，高與眉齊；左手掌向前摔擊，掌背向外，手指向右，高與眉齊，左手回至腹前（圖4－61）。

(2)承上式，右手同左手形式，向前捽擊（圖4－62）。

(3)承上式，左手向前穿出，手指向前，手心向下，高與肩平；右手同時手心向下，摟回至腹前（圖4－63）。

2. 撩陰掌腿

(1)承上式，右手掌向前撩，高不過臍，手心向上，五指向前。同時，左足向前墊半步，原地跳步；右足提膝足掌微仰，置左小腿內側（圖4－64）。

圖4－61　圖4－62

圖4－63　圖4－64

圖4－65

(2) 承上式，右足向前一步，足落地即跳步，左手同時向前撩，左足提膝同上式（圖4－65）。

(3) 承上式，連續作四個撩陰掌腿，最後左足提膝，左手向前撩（圖4－66）。

3. 鷹翻

(1) 承上式，右足原地跳起，落地足尖向右；同時，左足向右腿後掖步，身形向下蹲（圖4－67）。

(2)承上式，左手向左前方橫掌擊出，掌心向左，手指向前，大拇指向下；同時，右手掌轉到耳後，屈肘掌心向前，手指向左，大指向下（圖4－68）。

(3)承上式，身形站起，右手向前拍掌，拍出後變勾手；同時，左手屈肘護胸，掌心向左，手指向上（圖4－69）。

圖4－66

圖4－67

4. 猴閃

(1)承上式，身形向後縱身跳一大步，向後先撤右足，再撤左足，右腿在前作右虛步（圖4－70）。

(2)承上式，右手臂抬起，向右平伸，掌心向右，手指斜向上，高與肩平；左臂向左平伸作勾手，高與肩平，勾背向上（圖4－71）。

圖4－68　圖4－69

圖4－70　圖4－71

5. 連環圈手

(1)承上式，左手向前作摟手，右手向前方引手擊出，高過頭頂（圖4－72）。

(2)承上式，右足向右橫開半步，上左步。同時，左手向外揚，右手作摟手，左手向前引手，右手置左肘下，手指向左，手心向下（圖4－73）。

(3)承上式，左足向左橫開半步，上右步，連續作圈手四個，最後右足在前，右手作引手，左手置右肘下（圖4－74）。

6. 崩 拳

(1)承上式，右足向後撤半步。右手變拳，撤回右肋外側；左手向左前方橫掌擊出，掌心向前，手指向右，大指向下（圖4－75）。

(2)承上式，右足向左前方續進半步，成「弓蹬步」。同時，右手握拳向左前方崩擊，拳眼朝上，拳面衝前；同時，左手補助右小臂。

圖4－72

圖4－73

圖4－74

7. 轉身連環圈手

(1)承上式，左手向後揚，轉身站成左虛步。轉身同時左手在上作引手，右手屈肘肋下。

(2)承上式，作連環圈手六個，最後右足在前，右手臂在上作引手，左手屈肘在右肘下。圖同5連環圈手。

8. 轉環拍掌

(1)承上式，左手向前穿，掌心向上，手指向前；右手掌轉到右耳旁，屈肘掌心向前，手指向左（圖4－76）。

(2)承上式，右手向前拍掌。同時進步，作「右弓箭步」。右手拍出後即變勾手；在右手向前拍掌的同時，左手屈肘護肋，掌心向右，手指向上（圖4－77）。

9. 連環圈手

(1)承上式，左手臂向後揚，轉身向後，變為左虛步。

(2)承上式，右手向左前方作摟手，左手向前作引手，連續練六個，最後右足在前，作虛步，右手作引手在上，左手屈肘置右肘下。圖同5連環圈手。

圖4－75

圖4－76

圖4－77

圖4－78

10. 連環手

(1)承上式，右手變勾手向裡再向外，作引手，左手向前作引手（圖4－78）。

(2)承上式，右手再向前作引手，左手再向前引手（圖4－79）。

11. 摔掌

承上式，右手向前下方摔掌，摔掌時頭上頂，沉腰坐胯；左手隨右手摔掌動作，手張開向下以助其勢（圖4－80）。

12. 左群捉

承上式，以右足掌為軸，身形向右後方轉180°，上左步，奔右前方站成「斜騎乘式」。左手握拳向右前方用臂擁挫打出；同時，右手屈肘護肋（圖4－81）。

13. 右群捉

(1)承上式，左手向外穿，掌心向上，手指向前。左

圖4－79

圖4－80

圖4－81

足同時，向外，足尖向外撇，左足抬起，原地落實地（圖4－82）。

(2)承上式，右足向左前方上步，作「斜騎乘式」。右手握拳向左前方，用臂擁挫打出；同時，左手屈肘護肋（圖4－83）。

圖4－82

14. 連環劈山

(1)承上式，身形向上提，站成右虛實步。右手向上揚，掌心向前，手指向上，高過頭頂；同時，左手屈肘置腹前，掌心向下，手指向右（圖4－84）。

(2)承上式，右手成拳向下劈（圖4－85）。

(3)承上式，右手拳劈至腹前，向左再向前畫圈，轉至左乳前握拳；左手向右前方作拍掌，掌心向下，手指向

圖4－83

圖4－84

圖4－85

右前方（圖4－86）。

(4)承上式，右手拳向前劈至右腿裡聯；同時，左手屈肘護肋（圖4－87）。

15. 單反背掌

承上式，左手落左胯外側，右臂由胯外側向上向右畫一圓圈，手落右胯外側（圖4－88）。

16. 吼獅發威

(1)承上式，上右步，再上左步，小碎步向前行進。同時，雙手臂向前平伸，手心向下，手指向前，左右畫圈，高與眉齊（圖4－89）。

(2)承上式，趕在左腿在前，右手臂屈肘貼肋手握拳，左手拳面朝前，拳眼朝上，左手屈肘，掌心向下，手指向右，置於腹前（圖4－90）。

17. 撇拳

(1)承上式，右手小臂向左向上前方畫一立圈（圖4－91）。

圖4－86

圖4－87

圖4－88

(2)承上式，上右步。同時，右手拳向左上方撇去，左手同時，補助右小臂（圖4－92）。

18. 轉身摟手穿掌

(1)承上式，左手臂向外揚，轉身向後，站成左虛步（圖4－93）。

圖4－89　圖4－90

圖4－91　圖4－92　圖4－93

(2)承上式，右手作摟手，左手向前摔掌（圖4－94）。

(3)承上式，右手再向前作摔掌，同上式。

(4)承上式，左手向前穿掌，掌心向下；同時，右手摟回置右胯根部（動作全同第一式）（圖4－95）。

19. 收式

承上式，左足收回右足旁，雙手臂下垂，兩目向前平視（圖4－96）。

圖4－94

圖4－95

圖4－96

彩色圖解太極武術

養生保健 古今養生保健法 强身健體增加身體免疫力

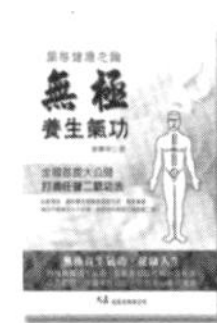

歡迎至本公司購買書籍

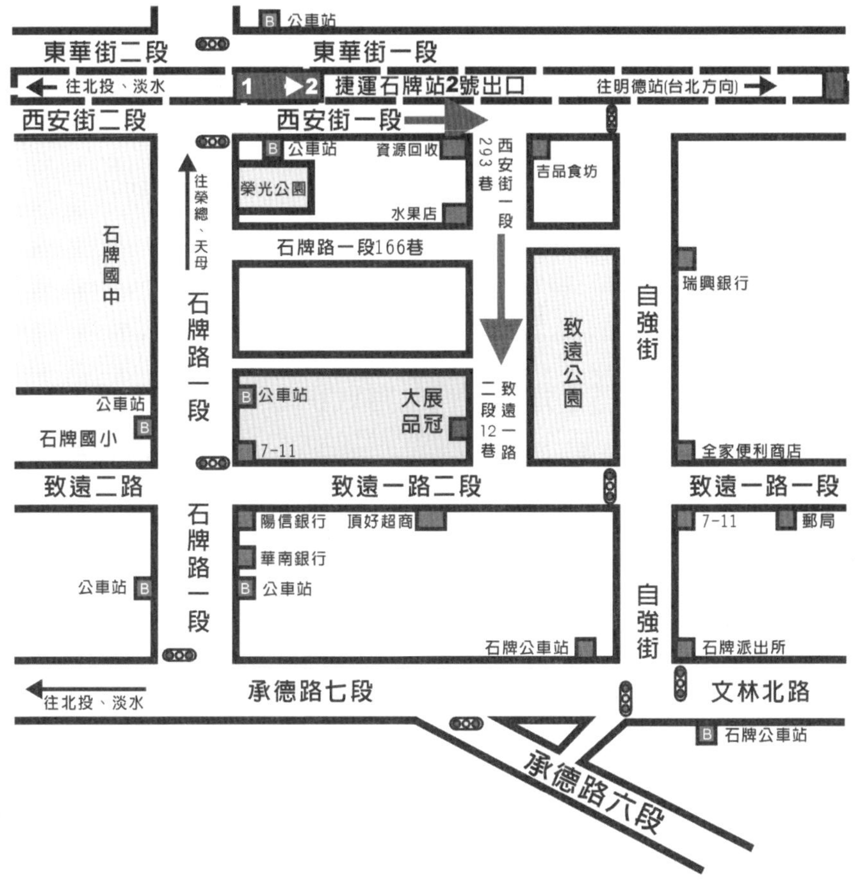

建議路線

1.搭乘捷運・公車

淡水線石牌站下車，由石牌捷運站２號出口出站(出站後靠右邊)，沿著捷運高架往台北方向走(往明德站方向)，其街名為西安街，約走100公尺(勿超過紅綠燈)，由西安街一段293巷進來(巷口有一公車站牌，站名為自強街口)，本公司位於致遠公園對面。搭公車者請於石牌站(石牌派出所)下車，走進自強街，遇致遠路口左轉，右手邊第一條巷子即為本社位置。

2.自行開車或騎車

由承德路接石牌路，看到陽信銀行右轉，此條即為致遠一路二段，在遇到自強街(紅綠燈)前的巷子(致遠公園)左轉，即可看到本公司招牌。

國家圖書館出版品預行編目資料

張策五行通臂拳／李進唐　著
——初版——臺北市，大展，2016［民105.03］
面；21公分——（中華傳統武術；20）
ISBN 978-986-346-104-3　（平裝；附影音光碟）
1.拳術　2.中國
528.97　　104029102

張策五行通臂拳 附VCD

著　　者／李　進　唐
責任編輯／王　躍　平
發 行 人／蔡　森　明
出 版 者／大展出版社有限公司
社　　址／台北市北投區（石牌）致遠一路2段12巷1號
電　　話／(02) 28236031・28236033・28233123
傳　　真／(02) 28272069
郵政劃撥／01669551
網　　址／www.dah-jaan.com.tw
E-mail／service@dah-jaan.com.tw
登 記 證／局版臺業字第2171號
承 印 者／傳興印刷有限公司
裝　　訂／眾友企業公司
排 版 者／千兵企業有限公司
授 權 者／山西科學技術出版社
初版1刷／2016年（民105年）3月

定　價／380元

大展好書　好書大展

品嘗好書　冠群可期